三先生 方外詩

시불 파선 초선의 방외시 56수

詩佛 破仙 艸仙의 方外詩 56首

누가 왕마힐·소동파·소강절의 청의미淸意味를 보았는가

노치허 盧菑虛

학자원

서序

마힐摩詰 왕유, 강절康節 소옹, 동파東坡 소식은 당송의 시인 가운데 방외方外에 소요한 달사이다. 왕유는 중은中隱과 대은大隱을 오가며 망세소요忘世逍遙하였고, 소식은 중은中隱으로서 적념寂念으로 폄적한거貶謫閑居하였으며, 소옹은 대은大隱으로 낙양 교외에서 태평가太平歌를 부르며 쾌활상락하였다. 도연명, 두보, 이백, 유종원 등이 엿보지 못하는 방외方外의 경지가 삼객에게 있는 것이다. 백거이가 가까이 갔으나 삼객과 나란히 하지 못하고, 도연명, 두보는 망연히 삼객을 바라볼 뿐이며, 이백 등은 헤아리나 닿지 못한다.

삼객三客의 경지가 무심無心으로 성誠에 거처居處하여 성성惺惺으로 세상을 거닐기 때문이다. 난세와 곤궁과 풍찬노숙風餐露宿이 삼객을 어지럽히지 못했으며, 백세지재百世之才로써 하거下居하였다. 그 때를 만나서는 성性을 밝혀 무상무명無相無名으로 소요한 당송唐宋에서 걸출한 삼객이다. 청명淸明한 시 56수를 선하여 음미한다. 제방벽사諸方碧士의 간파看破와 방지方指를 기다리며 벽치碧峙의 낙어落語로써 序를 삼는다.

檀紀 4347年 煙霧 某日에, 菑虛 識

차례

왕유上詩

소식上詩

소옹上詩

동파문론東坡文論

시불공음詩佛空吟 이십삼수二十三首

왕유上詩

시불상시서 詩佛上詩序

왕유王維(699-759)는 시불詩佛이라 한다. 눈 밝은 이가 왕유王維의 시詩와 문장文章과 화畵와 행行에서 방외方外의 경지境地를 보아 시불詩佛이라 부른 것이다. 왕유에 대한 적확的確한 평과 이해는 소동파蘇東坡로부터 시작한다. 소동파 만년에, 왕유가 그린 개현사開玄寺의 벽화壁畵를 보고 '상외지유象外之游'의 경지를 말한다.

"오도자吳道子의 그림이 비록 묘절妙絶하나, 화공畵工으로써 논할 뿐이다. 왕유王維의 그림은 상외象外를 자득自得함이 있어, 마치 숨은 숨결을 일으켜 신선神仙의 날개를 드리우고 나는 것 같다. 내가 두 사람을 보니 솜씨가 다 신준神俊이다. 왕유의 경지境地는 지책指責할 말이 없어 옷깃을 여미게 된다." 吳生雖妙絶 猶以畵工論 摩詰得之於象外 有如僊翮謝籠樊 吾觀二子皆神俊 又於維也斂衽無間言

소동파는 왕유의 벽화를 만나, 그림을 논하며 상외象外를 말하는 것이다. 상외象外란 사무사思無邪의 경지이다. 사무사思無邪란 생각하되 생각에 칠성七情이 없다는 뜻이다.

대도大道를 자득自得하여 무심無心으로 소요逍遙하는 이가 아니고서 누가 칠정七情 없이 생각하며 세상을 거니겠는가? 고금古今을 통해 화공畵工이 몇이나 상외象外에 소요逍遙했겠는가? 지금 세상에 여백餘白의 미美를 주제主題로 삼는 문인화文人畵가 바로 왕유를 개조開祖로 하는 남종화南宗畵이다. 남종화南宗畵란 사무사思無邪를 추구하는 화풍畫風인 것이다.

소동파가 왕유를 동도동경同道同境이라 함은 그림만을 평하는 것이 아니다. 왕유의 고시高詩 백원와白黿渦, 변각사辨覺寺, 녹채鹿柴, 산중山中, 종남별업終南別業 등을 통해 왕유의 경지境地를 말한다.

> "시와 그림은 본래 하나의 音律이니, 천기天機의 공교工巧와 청신淸新에 나아가야 한다. 왕마힐은 본래 노성老成한 시인으로, 청한淸閑하고 초고超高한 풍도風度는, 지초芝草를 차고 향기로운 창포菖蒲를 입은 듯하다."

소동파가 또 이른다.

味摩詰之詩	왕유의 시詩를 음미하면
詩中有畵	시詩 가운데 그림畵이 있고,
觀摩詰之畵	왕유의 그림畵을 보노라면
畵中有詩	그림畵 가운데 시詩가 있다네.

왕유의 그림에는 공空과 한閑이 뚜렷이 드러나 있고, 시詩는 망세소요忘世逍遙에 거닐며 미迷를 걷어내고 청정광명淸淨光明 염담허무恬淡虛無의 밝음을 나툰다. 왕유의 시詩를 읽고 스스로 그 풍취風趣에 합한다면 신준神俊의 눈을 갖추었다고 할 만하다.

왕유는 젊은 시절 선문조사禪門祖師 하택신회荷澤神會(670-762)와 남양혜충南陽慧忠(?-775)의 문하에서 무정설無情說을 배우고, 진여일심眞如一心을 세워 지관止觀을 닦았다. 중년에 폐관수행閉關修行 반년 만에 무사자오無師自悟하였다. 같은 시대의 이백李白(701-762)과 두보杜甫(712-770)는 시선詩仙과 시성詩聖으로 불려지나, 이백은 탁재卓才과 기교技巧에 그치고, 두보는 청한淸閑과 소박素朴에 머물러, 왕유의 고준高峻한 풍도風道를 알지 못한다. 무릇 시화詩畵에는 풍격風格이 있나니, 만약 상외지상象外之象을 볼 수 있다면 그 뜻이 절로 드러나리라.

왕유의 다음 세대에 한유韓愈(768-824)가 공자孔子의 도道를 배워 밝힐 것을 주창하고, 이고李翶(772-836)가 나타나 복성설復性說을 지어 공자孔子의 요묘要妙를 가리키고, 백거이白居易(772-846)가 복성애민復性愛民을 노래하며, 유종원柳宗元(773-819)이 청한淸閑을 읊은 것이 왕유의 무심소요無心逍遙의 영향이 아니라 할 수 없는 것이다.

왕유의 상시上詩를 음미하는 가운데 청량한 선미禪味와 자정自淨의 의意를 배운다면 그 보다 더한 기쁨이 있겠는가?

지금 세상은 누구나 글을 알고 책을 만나기 쉬운 세월이며, 뜻을 두면 청한淸閑에 거처할 수 있으며, 노력하면 청정자성淸淨自性에 무구無垢의 달을 담을 수 있을 것이다. 아! 왕유선생이 떠난 지 1255년이 되었다. 선생의 도를 흠숭하며 이런저런 졸어拙語로써 서를 삼는다.

檀紀 4347년 肇春에 菑虛 쓰다.

왕유상시 1.

秋夜獨坐 추야독좌

獨坐悲雙鬢 독좌비쌍빈
空堂欲二更 공당욕이경
雨中山果落 우중산과락
燈下草蟲鳴 등하초충명
白髮終難變 백발종난변
黃金不可成 황금불가성
欲知除老病 욕지제노병
惟有學無生 유유학무생

某註

* **鬢**: 살쩍(귀밑털).
* **欲知除老病**: 생노병사生老病死를 벗어나는 길을 알고자 하는가?
* **惟有學無生**: 오직 무생의 이치를 깨치는 공부뿐.
* **無生**: 나지 않음. 나지 않으면 멸滅함이 없다. 무엇이 나지 않는다는 것인가? 범부의 마음 즉 칠정七情이 나지 않는 것이다. 칠정七情이란 무엇인가? 칠정七情의 진체眞體는 다만 몽환夢幻일 뿐이나 범부는 칠정七情의 생각들을 마음으로 삼는다. 칠정七情의 체體가 환幻임을 깨친 이는 칠정七情을 무생無生이라 한다. 예부터 이 도리道理를 요득了得한 이가 귀해 칠정무생七情無生의 시를 읊은 이가 역사에 드문드문 보인다.
* **欲知除老病 惟有學無生**: 추야독좌秋夜獨坐의 大要.

가을 밤에 홀로 앉아

홀로 앉아 귓가의 허연 서리를 슬퍼하노이,
빈 집, 밤 깊어 이경二更이 되었구나!
비에 젖은 산과山果 떨어지고
등잔 아래 풀벌레 노래하도다.

흰머리는 다시 검어지기 어렵고
단사丹砂로 황금黃金 만들 수 없거니.
생노병사生老病死를 벗어나는 길을 알고자 하는가?
무생無生의 이치를 깨치는 공부뿐 일지라.

某解

늦은 가을밤, 산중山中에 홀로 앉아 왕유는 세상世上과 자신을 돌아본다. 세상은 그렇게 저렇게 정념情念에 얽히고설키며 구르고 세월歲月은 덧없이 흐른다. 어느 세월에도 칠정七情의 시인詩人은 정념情念에 때 묻은 시구詩句 몇 줄을 남기고, 저녁노을을 따라 한 줄기 연기煙氣 되어 흩어지는 것이 상사常事이다. 사람은 나서 자라 늙고 병들어 죽는다. 부귀富貴와 문장文章도 한 때의 으쓱대는 모습놀이가 아니던가? 어찌 사생死生의 불집火宅에서 허우적거리다 인생人生을 마칠 것인가? 왕유가 말한다.

"생노병사生老病死의 고해에서 벗어나는 길은 스스로의 심성心性을 밝혀, 무생無生의 도리道理에 계합契合하는 오직 하나의 방도方道가 있을 뿐이다."

방외方外에 소요逍遙하는 이는 세상을 관조觀照하며 세상의 영화榮華를 산중山中에서 반나절을 한거閑居함과 같지 못하다고 한다. 왕유가 그러하여 그 경지에서 무생無生을 말하는 것이다. 무생無生이란 칠정七情이 나지 않는 것이다. 칠정의 내용이 환幻임을 깨우쳐서 환幻 없는 삶을 살아야 밝은 삶이 아니겠는가? 정념情念, 칠정七情, 무생無生, 소요逍遙, 한거閑居, 환幻은 이 책의 주요 철리단어哲理單語이다. 아래의 주註를 읽으면 이해가 넓혀질 것이다.

某註

* 정념情念: 칠정七情을 묶어 정념情念이라 한다. 정념情念은 범부凡夫의 마음이다. 성인聖人의 마음은 성性이라 한다.
* 칠정七情: 범부의 정념은 신의信義, 청빈淸貧, 오욕五慾, 증애憎愛 등이 종횡縱橫의 갈래로 잎이 펼쳐지나, 그 줄기는 칠정七情이다. 칠정이 때와 욕망을 따라 온갖 변용을 일으키므로 인간만사를 이루는 것이다. 칠정을 처음 정의定義한 이는 신농씨神農氏와 헌원씨軒袁氏라 한다. 이를 도가道家의 칠정설七情說이라 하고, 유가儒家는 예기禮記에 공자孔子가 정의하고 중용中庸과 맹자孟子에 인용한다. 불가佛家는 유식론唯識論의 정의를 따라 칠정을 이르는 것이다. 삼가三家의 칠정설七情說을 본다.

유가儒家: 희喜, 노怒, 애愛, 구懼, 애哀, 오惡, 욕欲.
도가道家: 희喜, 노怒, 우憂, 사思, 비悲, 경驚, 공恐.
불가佛家: 희喜, 노怒, 우憂, 구懼, 애愛, 증憎, 욕欲.

유가설儒家說은 일상의 감정을 중시한 분석이요, 도가설道家說은 심병心病의 원인을 중시한 분석이요, 불가설佛家說은 분별애착分別愛着의 업병業病을 중시한 분석이다.

* 무생(無生): 정념情念이 나지 않음. 정념情念이 나지 않는 이를 무심도인無心道人이라 한다.
* 방외方外: 시방十方의 밖. 정념情念 밖. 진심眞心으로 소요逍遙하는 경지境地.
* 소요逍遙: 망심妄心에 무주無住하여 무심無心으로 거님.
* 한거閑居: 망심妄心에 무주無住하여 한가히 지냄.
* 환幻: 칠정七情의 내용. 범부가 몽환의 칠정을 착식錯識함.

胡居士家호거사가

—冬晩對雪憶胡居士家

寒更傳曉箭 한경전효전
清鏡覽衰顔 청경람쇠안
隔牕風驚竹 격창풍경죽
開門雪滿山 개문설만산
灑空深巷靜 쇄공심항정
積素廣庭閑 적소광정한
借問袁安舍 차문원안사
翛然尙閉關 수연상폐관

某註

* 灑: 뿌리다 * 巷: 거리
* 尙: 높이다.
* 牕: 牕, 窓, 窗은 같은 글자이다.
* 借問袁安舍: 원안袁安의 고사故事를 빌려 호거사에게 묻는다.
* 翛然: 수연粹然. 翛=修.
* 尙閉關: 높은 폐관수행閉關修行. (= 禪定)
* 閉關: 칠정七情을 쉬어 벽관壁觀에 드는 수행修行. 면벽수행面壁修行이라고도 한다. 말선末仙의 폐관閉關은 호흡법으로 단전丹田에 기운을 모으는 연습練習일 따름이다.

호거사가 胡居士家

—雪夜의 호거사, 閉關三昧에 들었겠지

차가운 경고更鼓소리 새벽을 알리는데
맑은 거울에 여윈 얼굴 비춰본다.
밤새 창 밖에 바람이 대나무를 흔들더니
새벽에 문門 여니 백설白雪이 온 산에 가득.
허공에 눈 흩날리고 골목길은 더욱 고요해
소복 쌓인 흰 눈에 넓은 뜨락 한가롭다.
은사隱士 원안袁安의 설가雪家를 빌려 묻노니
그대의 수연粹然한 폐관삼매閉關三昧는 어떠한가?

某註

* 호거사胡居士: 임성소요任性逍遙하는 은현달사隱賢達士로써 늘 삼매에 드는 것을 즐거워하였다. 왕유의 벗이다. 호거사胡居士의 스승은 하택신회대사荷澤神會大師이다.
* 임성소요任性逍遙: 견성見性하여 무수이수無修而修하는 경지. 무수이수無修而修란 닦음 없이 닦는 것 즉 성성불매惺惺不昧의 공부.
* 은현달사隱賢達士: 성성불매惺惺不昧를 주업主業으로 하여 세사世事에 불관不關하여 공부하는 이.
* 경고更鼓: 당나라 때, 야간에 시각時刻을 알리던 북소리.
* 원안袁安: 후한後漢의 은사隱士, 먹을 것이 없는데도 의연히 독서讀書와 묵좌黙坐를 즐겨하더니, 폭설이 내린 겨울동안 고요히 앉아 폐관閉

關하여 뼈가 드러나도록 몰골이 앙상하였으나 태연泰然하였다.

▌某解

호거사胡居士는 일찍이 경론經論에 박학博學하여 그 대요大要를 얻고 사교입선捨敎入禪하였다. 사교입선捨敎入禪이란 불경佛經의 요의要意를 간파看破하여 경經을 덮고 참선參禪에 전념專念하는 것을 뜻한다.

호거사胡居士는 지관삼매止觀三昧에 젖은 은사隱士이다. 지관止觀이란 망념妄念을 그치고 자성自性을 관觀하는 상사上士의 공부工夫이다. 망념妄念의 내용은 칠정七情이다. 호거사胡居士는 왕유가 탁마琢磨하는 벗이다. 왕유王維는 개오開悟하여 칠정七情이 환幻임을 확인確認한 이후로 해맑은 지혜智慧가 무연無緣의 영지靈知를 나투었다. 왕유는 무위한거無爲閑居하는 대사大士이다. 새벽의 백설白雪을 바라보며 벗의 공부를 묻는다. 한거閑居란 칠정七情이 끊어져서 칠정七情에 머물지 아니하므로 한가롭다고 한다.

"그대의 수연粹然한 폐관삼매閉關三昧가 어떠한가?"

밝은이의 즐겨하는 바는 삼매三昧뿐이다. 삼매는 대적大寂의 광명光明에 거처하는 공부이다. 삼매는 무심삼매無心三昧가 으뜸으로써 세속世俗의 선비가 사념思念으로 헤아릴 수 없는 경지境地이다. 왕유의 한거처閑居處를 엿본 것이라 하겠다.

終南別業 종남별업

中歲頗好道 중세파호도
晩家南山陲 만가남산수
興來每獨往 흥래매독왕
勝事空自知 승사공자지
行到水窮處 행도수궁처
坐看雲起時 좌간운기시
偶然値林叟 우연치림수
談笑無還期 담소무환기

某註

* **頗**: 자못 파
* **値**: 만나다 치
* **行到水窮處 坐看雲起時**: 대요구大要句
* **偶然値林叟 談笑無還期**: 소요구逍遙句

종남별업 終南別業

중년中年에야 올곧게 도道에 들어

늘그막에 남산 기슭에 초당草堂을 지었네.

흥 일면 홀로 나서나니

즐거운 일은, 공空을 깨달았음이라.

개울물 다한 곳에 이르러

앉아서 구름 이는 것 보노라.

우연히 숲 속의 노인老人 만나

담소談笑하느라 돌아갈 줄 몰라라.

某註

* '즐거운 일은, 공空을 깨달았음이라(勝事空自知)'와 '앉아서 구름 이는 것 보노라(坐看雲起時)'의 구句가 이 시의 대요大要이다.

某解

왕유가 젊어서 하택荷澤의 문전을 기웃거리며 도를 배웠다. 무정설법無情說法을 듣고, 자신이 정념情念에 전도顚倒되어 있음을 알고서 내외부동內外不動의 적념寂念을 향해 노력하였으나 공견空見에 머물렀다.

무정설법이란 정情이 환幻이라는 가르침이다. 다시 말해 정념情念이 몽환夢幻이라는 것이다. 정이 본래 없음을 확인하는 공부를, 유가儒家의 대학大學은 지止를 세워 정을 그침을 말하고, 노자老子는 도덕경道德經에 손지우손損之又損이라 하여 정情을 덜어내는 것을 말한다.

유가 도가 불가의 가르침이 모두 정情이 거짓이라는 설로써 한 집안을 이루는 것이다. 도를 깨친다는 것은 심성心性을 밝히는 것이요, 심성을 밝히면 정이 몽환夢幻이었음을 확인하게 되는 것이다.

왕유가 안록산의 난을 맞아 봉변을 본 후, 은거하며 견성見性을 향해 온 힘을 다한다. 얼마 후, 자성自性을 철견徹見하고 보림保任 즉 보기천성保其天性 임기자재任其自在에 거닌다. 이는 성性에 맡겨 천성天性으로 일용하는 무수이수無修而修의 공부이다. 무수이수無修而修의 공부란 개오開悟 이후의 공부이다. 이를 공자는 종심從心이라 하고 장자는 소요逍遙라 한다. 종심從心과 소요逍遙의 내용은 무위無爲이다. 종남별업은 개오開悟에서 나아가 무위無爲를 보인다. 종남산 기슭에 초당草堂을 지어 한거소요閑居逍遙하는 풍취를 푼다.

> "나의 인생 중년中年에, 깊은 선정禪定에 한거소요閑居逍遙하노라. 늘그막에, 산기슭에 초당草堂 지어 적요寂寥를 즐기네. 성성惺惺하여 순일純一하면 홀로 걷나니, 승사勝事는 공空을 깨달았음이라. 개울물 멀리 떠나는 곳에 이르러, 앉아 먼구름 흐르는 것 보노매라. 우연히 숲 속의 노인老人 만나, 이러히 저러히 마주 담소談笑하노매 세상을 잊었노라!"

승사공자지勝事空自知 즉 공空을 깨달았음이 왕유의 인생에 가장 잘한 일이라 한다. 공空을 깨달았다는 것은 견성見性의 여득餘得이다. 자성自性을 깨달아 천연天然의 성性을 회복하면, 이전에 정념情

念으로 꾸려왔던 삶이 허망한 줄 알게 되는 것이다. 그러므로 정념의 내용이 공空하다고 이르는 것이다. 반야심경般若心經에,

"오온개공五蘊皆空, (오온五蘊이 모두 공空이다.)"

라는 말씀이 정념이 다 환幻이라는 뜻이다. 공空을 깨달았다는 것은 정념의 내용이 환幻이라, 거짓인 줄 알았다는 것이다. 다시 말해 범부의 정념情念이 본래 없으나 범부가 잘못 인식하여 온통 정념으로 인생을 짓는 것이다. 범부의 정념이 거짓 나타난 몽환夢幻이라, 몽환으로부터 벗어나라고 가르치는 교법이 불법佛法이다. 선禪에 들어가고자 한다면 정념몽환설情念夢幻說을 믿고 이해한 연후에 선정禪定의 공부에 들어야 큰 허물이 없는 것이다.

범부가 한번 듣고 공空을 이해하기 쉽지 않다. 곰곰이 정념이 나타나고 사라지는 당처를 관찰하고, 일상의 관계와 관계 속에 애愛가 증憎으로 변하고 증憎이 애愛로 바뀌는 사연의 변화를 직시直視하면, 그 변화의 내용이 다만 다생에 학습한 인식임을 짐작할 수 있을 것이다.

자성自性을 깨달아 천연天然의 성性을 회복回는 것을 유가儒家는 명성明性이라 하고, 도가道家는 복성復性, 불가佛家는 견성見性이라 한다.

공자孔子는 계사繫辭에서 '정情은 위僞다' 즉 칠정七情은 환幻이라 거짓으로 나타난 것이라 하였다.

장자莊子는 남화경南華經에 진인무기眞人無己, 무심어세無心御世 즉 참사람은 정情의 환幻으로 나를 삼지 않고, 정환情幻없는 참마음

으로 세상에 소요逍遙한다고 하였다.

원각경圓覺經에는 이환즉진離幻則眞 곧 환심幻心을 여의면 진심眞心이 드러난다고 하였다.

유가儒家와 도가道家와 불가佛家의 도道가 참마음 하나로 통通하는 것이다. 공空의 절대적 의미를 이해하지 못하면 왕유의 시詩를 곧게 알 수 없다. 공空이란 정情을 환幻이라 가리키는 말이다.

왕유는 방외方外의 고사이다. 당송의 시객 가운데 왕유와 비교할 만한 인물은 몇몇에 불과할 것이다. 왕유의 경지를 적확하게 알아본 인물은 동파 소식蘇軾이다. 소식의 적평適評이 왕유의 속을 드러내었다. 그러나 뒷사람은 왕유를 자연시인自然詩人 혹은 남종화南宗畵의 개조開祖 등으로 읽어 겉모습 이해에 그친다. 그 사람이 아니면 그 경지를 알 수 없는 까닭이라 왕유의 고격高格을 간파하기 어려운 것이다. 소식은 중년공부설中年工夫說을 읊은 수년 후 개오開悟한다. 동파 소식의 중년공부설中年工夫說을 본다.

中年添聞道　中年에 들어 황공히도 佛道에 들어
夢幻講已祥　七情夢幻說을 이미 자세히 들었으나
儲藥如丘山　약재(佛經)를 산더미처럼 쌓아 놓고
臨病更求方　病이 들면 또 處方을 찾는다.
仍將恩愛刃　여전히 恩惠와 사랑의 칼날로
割此衰老腸　이 老衰한 창자를 자르고 있구나.
知迷欲自反　돌이켜보아 迷惑하여 이런 줄 알겠거니
壹慟送餘傷　한바탕 크게 울고, 묵은 七情을 쉬고자 하노라.

* 儲저: 쌓다. * 餘傷: 묵은 七情.

소식과 왕유의 중년공부노정에 약간 다른 점은, 소식은 미혹迷惑의 원인을 보고 응심부동凝心不動에 들었으나, 왕유는 곧바로 선정禪定에 들고 개오開悟하여 소요문逍遙門에 든 것이다. 대개의 학자들은 공空을 '빔' '텅 빈 것' 등으로 해석하여 하나의 유有로 해석하는 폐단弊端이 있다.

공空이란 자기自己의 성性을 깨닫고 보니 정情이 환幻이라 본래 없는 것이란 뜻이다. 그러므로 깨치면 홀연히 자성自性이 드러나고, 자성自性이 드러나면 정情은 없는 것이다.

이러한 까닭에 깨친 이는 범부의 정념情念이 공空하다고 친절하게 설명하는 것이다. 그 설명은 무한한 자비의 상선교육인 것이다. 이러므로 공空이란 자성自性을 깨친 뒤의 여득餘得을 설명한 것인 줄 알 수 있는 것이다. 깨달음 그 자체는 다만 자성현전自性現前일 뿐이다.

유무론有無論의 의론에, 무엇을 무無라 하고, 무엇을 유有라 하는 것인가를 먼저 이해해야 한다.

만약 공리空理를 알지 못하고 상시上詩를 음미하면 오식汚識을 낳는다. 묵좌반조默坐返照의 힘을 얻은 연후에 연무煙霧가 걷히면 왕유의 견처見處를 볼 수 있을 것이다.

苦熱 고열

赤日滿天地 적일만천지
火雲成山嶽 화운성산악
草木盡焦卷 초목진초권
川澤皆竭枯 천택개갈고
輕紈覺衣重 경환각의중
密樹苦陰薄 밀수고음박
莞簟不可近 완단불가근
粗葛再三濯 조갈재삼탁
思出宇宙外 사출우주외
曠然在寥廓 광연재요확
長風萬里來 장풍만리래
江海蕩煩濁 강해탕번탁
却顧身爲患 각고신위환
始知心未覺 시지심미각
忽入甘露門 홀입감로문
宛然清凉樂 완연청량락

某註

※ 枯:흰 비단 濯:씻다 寥:텅비다 廓:둘레 却:그치다

고열 苦熱

뙤약볕이 천지天地에 가득
불타는 구름은 산봉우리를 이루거니.
초목草木은 모두 마르고
강과 못, 바닥 드러났네.
가벼운 명주옷이 무거워지고
우거진 숲도 그늘 엷어 괴롭거니
돗자리 대자리 뜨거워 가까이 못하고
성긴 갈포葛布옷도 땀 빨래 거듭하네.
문득 생각이 우주宇宙 밖을 거닐면
광연曠然히 육합六合이 텅 비누나.
장풍長風은 만리萬里 밖에서 불어오고
강해江海는 번다히 흐르는 칠정七情을 삼키네.
정념情念 그치고 돌아보니, 환幻을 나我로 삼았어라
알겠도다! 진심眞心을 깨닫지 못했음이라.
홀연忽然히 무정無情의 감로문甘露門에 든다면
청량淸涼한 무위락無爲樂이 완연完然하리라.

▌某解

왕유의 심처心處가 무정無情으로 세상 안팎을 적연寂然히 관조함을 고열苦熱을 통해 볼 수 있다. 시제詩題, 고열苦熱은 삼계화택三界火宅 즉 인간의 정념세상이 화택火宅임을 가리킨다. 불볕더위를 인생살이에 비유하여 불볕더위에서 벗어나는 길을 보인다. 그 방도는 몸을 나我로 아니 여기며, 청량하게 무정無情으로 소요逍遙하는 것이다. 세상 사람이 '본래무정本來無情'을 자득自得하여 고향으로 돌아갈 것을 권하는 것이다. 왕유가 오후悟後에 나날이 정념이 쉬는 경지를 체험하여 세상을 관조하며 읊은 격외시格外詩이다. 달사는 범부가 칠정七情으로 인생人生을 굴리는 것을 어엿비 여긴다. 칠정七情은 범부의 마음이다. 고열苦熱은 달사의 밝음과 자애慈愛가 드러난 시이다.

후구 後句, 思出宇宙外/ 曠然在寥廓/ 長風萬里來/ 江海蕩煩濁/ 却顧身爲患/ 始知心未覺/ 忽入甘露門/ 宛然淸凉樂를 푼다.

문득 정념을 여의니 세상 밖에 거처하고
몸과 마음이 텅 빈 몽환임을 알세라.
청풍이 세상 밖에 흔연하나니
진심眞心 가운데는 정념의 자취조차 없구나!

정념을 그치고 돌아보건대, 몸을 나로 여겨 大患 삼았나니
알았노라! 진심眞心을 깨닫지 못한 연유로다.
만약 실다이 무정無情을 깨친다면,
청량하게 소요하는 낙樂이 완연하리라.

왕유는 신환身患과 칠정七情을 한 여름의 염열炎熱에 비유하여 그 속을 몽환사夢幻事라 한다. 진심을 깨쳐 정념이 몽환夢幻이었음을 알면, 세상 밖의 청량에 소요할 수 있음을 보인 것이다. 이는 개오

開悟 이후에 세상을 돌아보며 사람을 일깨우는 상시上詩이다.

어느 왕유연구가王維研究家의 다른 해석을 본다.

思出宇宙外 문득 幻想에 휩싸여 멀리 宇宙 밖으로 나가선
曠然在寥廓 豁然히 광활한 虛空에 떠 있노라니
長風萬里來 長風은 천리만리에서 불어오고
江海蕩煩濁 江海는 번잡함을 휩쓸어 버린다.

却顧身爲患 스스로 돌아보니 몸은 바야흐로 환난에 허덕이거니
始知心未覺 비로소 알겠구나. 내 마음 아직 眞諦를 깨닫지 못함이라
忽入甘露門 홀연히, 열반으로 통하는 감로문에 든다면
宛然清涼樂 청량한 즐거움이 완연하리라.

왕유王維의 시는 그 격조가 방외方外에 소요하는지라, 세상의 정념으로 헤아려서는 그 진의를 엿보기 어렵다. 방외사方外事는 정념으로 닿지 아니하는 것이다. 방외方外란 육합六合 즉 시방十方의 밖이다.

왕유상시 5.

過香積寺 과향적사

不知香積寺 부지향적사
數里入雲峯 수리입운봉
古木無人逕 고목무인경
深山何處鐘 심산하처종
泉聲煙危石 천성연위석
日色冷青松 일색냉청송
薄暮空潭曲 박모공담곡
安禪制毒龍 안선제독룡

某註

* 古木無人逕 深山何處鐘 泉聲煙危石 日色冷青松이 佳句.

과향적사 過香積寺

길을 알지 못하고 향적사香積寺를 찾아가다
구름 깊은 곳에 들었네.
고목枯木 속으로 길은 사라졌는데
어디선가 종소리 들려오네.
개울물은 괴이한 돌부리에 울리고
햇빛은 소나무에 차가이 빛나네.
해질녘 고요한 연못가에 앉아
선정禪定에 들어 번뇌煩惱를 재운다.

▌某解

과향적사過香積寺는 입도入道, 문천聞天, 천연天然, 선정禪定을 보인다.

입도入道
길을 알지도 못하고 향적사를 찾아가다
구름 깊은 곳에 들었네.

문천聞天
고목枯木 속으로 길은 사라졌는데
어디선가 종소리 들려오네.

천연天然

개울물은 괴이한 돌부리에 울리고

햇빛은 소나무에 차가이 빛나네.

선정禪定

해질녘 고요한 연못가에 앉아

선정禪定에 들어 번뇌煩惱를 재운다.

자신의 공부과정을 향적사過香積寺를 찾아가는 길에 비유하여 입도入道, 문천聞天, 천연天然, 선정禪定의 격格을 두어 간결簡潔하고 소박素朴하게 읊었다.

공부길의 심천深淺과 직경直徑을 자세히 알지 못한 채 참선參禪을 행하였음을 보임이 입도구入道句이며, 멀리서 들려오는 종소리에 홀연히 심성心性을 깨쳤음이 문천구聞天句이다.

문천聞天 연후에 무정無情으로 소요逍遙에 나아감이 천연구天然句이며, 묵은 번뇌煩惱를 잠재우는 선정공부禪定工夫에 거처하여 힘을 다하고 있음을 읊은 것이다.

왕유王維의 입도入道, 문천聞天, 천연天然, 선정禪定은 모든 공부인이 걸어야 할 길이다. 공부길을 알지 못했다고 함은, 무정설無情說은 배웠으나 실지實智가 없었음을 이른 것이다. 멀리서 들려오는 종소리에 홀연히 심성心性을 깨쳤음은 드높은 숙세宿世 상선上善의 노정路程이다.

천연구天然句는 오후悟後 천연天然의 동용주선動容周旋이라, 언설言說을 붙여 그리면 곧 어긋나는 것이다. 선정구禪定句는 오후悟後

의 해맑은 공부라, 멀리서 존숭尊崇해야 할 무심도인無心道人의 경지境地이다. 왕유王維는 무심無心으로 소요逍遙하였던 방외方外의 달사達士이다.

왕유상시 6.

山寺 산사

好讀高僧傳 호독고승전
時看碧穀方 시간벽곡방
鳩形將刻杖 구형장각장
龜殼用支牀 구각용지상
柳色春山映 유색춘산영
梨花夕鳥藏 이화석조장
北牕桃李下 북창도리하
閑坐但焚香 한좌단분향

某註

* 殼: 껍질.
* 但: 부실없이.
* **北牕桃李下 閑坐但焚香**: 매우 꾸짖는 구句.

산사 山寺

산승山僧은 고승전高僧傳을 즐겨 읽고
때로는 벽곡방辟穀方을 보누나.
지팡이 꼭지를 비둘기 꼴로 다듬고
침상다리는 거북모양으로 괴었네.
버들 빛은 봄 산을 적시고
흐드러진 배꽃 사이로 저녁 새 깃드는데,
산승山僧은 북창北窓가 도리桃李 아래서
한가히 앉아 부질없이 향香을 피운다.

某註

* 거북모양의 침상다리는 말선末仙의 허세虛勢이다.
* 버들 빛이 봄 산을 적시고, 흐드러진 배꽃 사이로 저녁 새 깃드는 가운데, 천연天然의 도道가 드러나 있다. 노승老僧은 미로迷路에 머물며 속술俗術에 젖어 있는 것이다.
* 한좌단분향閑坐但焚香을 "한가로이 앉아 향을 사른다."라 풀이하면 왕유의 뜻에 어긋난다. 단但은 '부질없이'라 풀어야 뜻이 바르다.

某解

산사山寺는 어느 노승老僧의 일상을 통해 마음공부가 바른 길에 나아가기 들기 어려움을 그린 것이다. 노승이 고승전高僧傳을 즐겨 읽기는 하나 선지禪旨에 어둡고, 신선술神仙術의 벽곡방문辟穀方文

을 뒤적이며, 지팡이 꼭지에 비들기 장식이나 하고, 더구나 침상의 다리는 거북을 조각하여 멋을 부렸다. 산승山僧이 공부의 바른 곳을 얻지 못하고 허송세월함을 걱정한 것이다.

노승이 고승전高僧傳을 즐겨 읽는다는 것은 아직 불법佛法의 요의要意에 어두운 것이요, 벽곡辟穀을 기웃거림은 속사俗士의 망술妄術에 기댐이요, 지팡이와 침상에 멋 부리는 것은 우스꽝스런 허영虛榮이요, 복숭나무 자두나무 심고 그 아래서 향을 피움은 신선을 흉내 내는 어리석은 짓이다.

왕유가 살던 시기는 도가道家의 선술仙術이 유행하였다. 당시의 선禪은 장안長安에는 신회하택선神會荷澤禪, 강남江南에는 마조홍주선馬祖洪州禪이 기지개를 켜서 중국에 선禪이 개화開花하던 때이다. 왕유는 신회神會의 무정설법無情說法을 듣고 종남산終南山에서 폐관閉關하여 반년 만에 무사자오無師自悟하였다. 버들 빛 봄 산의 배꽃 사이로 저녁 새 깃드는 가운데, 도道가 온전히 드러나 있나니, 다만 아는 이가 즐기는 바이다.

愚公谷 우공곡

借問愚公谷 차문우공곡
與君聊一尋 여군료일심
不尋翻到谷 불심번도곡
此谷不離心 차곡불리심
行處曾無險 행처증무험
看時豈有深 간시기유심
寄言塵世客 기언진세객
何處欲歸臨 하처욕귀림

某註

* 聊료: 애오라지.
* 翻번: 날다.

우공곡 愚公谷

우공愚公(智慧)의 골짜기를 수소문搜所聞하여
애오라지 그대와 더불어 찾아다녔네.
홀연히 골짜기에 이르러 찾기를 그만 두었거니
애당초 지혜의 골짜기는 마음眞心을 떠남이 없었네.
지혜의 골짜기는 일찍이 험險하지 않나니
바라봄에 어찌 깊음이 있으리오.
진세塵世의 나그네에게 부치노니
가서 이르려 하는 곳 어디메인가?

某註

* 愚公우공: 어리석은 듯 지혜로운 은사隱士. 노자老子의 곡신불사谷神不死는 진심眞心을 비유로 설명한 것이다. 곡신谷神은 모습 없이 적연寂然하며 그 때를 만나면 소소영영昭昭靈靈하게 답하므로 노자는 진심眞心을 곡신谷神에 비유한 것이다.
* 翻번: 홀연히. 날다.
* 無險무험: 칠정七情의 험한 굴곡屈曲은 실제로 존재하지 않음.
* 有深유심: 진심眞心은 청정淸淨하고 광명光明하여 어둡거나 깊은 미로迷路가 없다. 다만 모습 없이 공적영지空寂靈智를 나타내는 것이다.

某解

우공곡愚公谷을 울리는 왕유의 목소리는 진세객塵世客에게 도道의 소재를 가리켜 이른다. 그대가 바로 도체道體이며 그대의 진심眞心

이 곧 도道이다. 밖에서 찾지 말고 오직 그대의 진심眞心을 밝히라고 이른다. 우공곡을 푼다.

지혜의 골짜기를 묻고 배우며
애오라지 벗과 더불어 도를 찾아다녔네.
홀연히 진심이 드러나니 우공의 도를 만났어라.
찾나니 우공곡은 바로 사람의 마음이라네.
참마음은 험하거나 깊지 아니하며
언제나 현전하여 밝아 어둡지 않네라.
진세의 나그네에게 한 말씀 부치노니
그대는 밖에서 도을 찾는구나!
가서 이르려 하는 곳 어디인가?

도道를 찾는 뒷날의 망세객忘世客에게 왕유선생이 친절하게 진심眞心을 가리켜 보인다. 도를 찾아 밝히는 것이란, 진심眞心과 망심妄心의 실체를 을 알아서, 망심妄心을 쉬어 진심眞心을 드러내는 것이다. 만약 칠정七情의 망심妄心을 여의고 진심眞心을 밝힌다면 왕유선생을 만나리라. 만약 참선參禪에 들었다고 하는 자가 진심眞心과 망심妄心을 확연히 구별하지 못한다면 다만 어둠 속에서 정념情念을 고요히 하는 자 일뿐이다.

애당초 지혜의 골짜기는 마음眞心을 떠남이 없었네.
참마음眞心은 험하거나 깊지 아니하며,
언제나 현전現前하여 밝아 어둡지 않네라.

이는 삼조三祖 승찬대사僧璨大師의 신심명信心銘의 제일구第一句 “지극한 도는 어렵지 아니할새, 오직 망심을 간택함을 꺼릴 뿐이니라.(至道無難 有嫌揀擇)”의 해설이라 하겠다. 진심이 현전하지 않으면 이 구句가 나올 수 있겠는가? 단丹을 구하는 벽곡술사辟穀術士에게 이른다.

그대는 밖에서 도道를 찾는구나!
가서 이르려 하는 곳 어디인가?

시취詩趣가 정情을 쉬면 인생의 근원이 드러나는 것이다. 인생의 근원은 오는 것도 아니고, 가는 것도 아니며, 또한 머무는 것도 아니다. 범부가 본래로 온전한 도를 갖추고 있기 때문이다. 도는 범부의 삶과 죽음 밖에 조적照寂한다. 그러하기에 진심을 밝힌 이는 삶과 죽음 밖에 거처하기에 초연超然의 행을 보이는 것이다.

왕유상시 8.

藍田石門 남전석문

遙愛雲木秀 요애운목수
初疑路不同 초의로부동
安知淸流轉 안지청류전
偶與前山通 우여전산통
暝宿長林下 명숙장림하
焚香臥瑤席 분향와요석
澗芳襲人衣 간방습인의
山月映石壁 산월영석벽

某註

* 남전산藍田山 석문정사石門精舍를 찾아가며

남전석문 藍田石門

구름에 닿을 듯 아득히 수려한 나무 펼쳐져
처음엔 길을 잘못 들었나 의심 하였건만
알았노라, 맑은 개울물 굽이굽이 돌아
허새비 앞산 자락으로 통해 있음을!
해 저물어 큰 나무 아래 묵나니
향 피우고 돗자리 펴고 누웠네라.
산골 꽃향기 옷자락에 스며들고
산마루의 달빛은 석벽을 비추우네.

▌某註

* "알았노라, 맑은 개울물 굽이굽이 돌아/ 우연히도 앞산 자락으로 통해 있음을!" 구句는 천연天然을 비유한 것이다.

왕유상시 9.

登辨覺寺 등변각사

竹徑運初地 죽경운초지
蓮峰出化城 연봉출화성
窗中三楚盡 창중삼초진
林上九江平 임상구강평
輭草承趺坐 연초승부좌
長松響梵聲 장송향범성
空居法雲外 공거법운외
觀世得無生 관세득무생

某註

* **竹徑運初地**: 망심妄心이 쉬면 절로 진심眞心이 드러남.
* **無生地**: 망심妄心이 무생無生하는 대적무위지大寂無爲地.

등변각사 登辨覺寺

대숲의 지름길이 환희지歡喜地로 이어지고
연화봉蓮花峰에서 화성化城이 나타나누나.
창窓 가득 삼초(東, 西, 南)가 펼쳐지고
숲 위로 九江이 평안히 흐르네.
연한 풀은 가부좌跏趺坐를 받들고
장송長松은 범성梵聲을 토吐하누나.
법운法雲 밖에 청정진성淸淨眞性으로 소요逍遙하고
무생無生을 득得하여 세상世上을 관觀하누나.

某註

* 運(돌아들다)은 連(이어지다)과 통한다.
* 三楚삼초: 전국시대 초나라 땅. 진(秦), 한(漢)시대에 옛 초땅을 동, 서, 남으로 삼분한 데서 유래한 말.
* 輭艸: 연한 풀, 처처處處가 원각도량圓覺道場임을 상징.

某解

등변각사登辨覺寺는 왕마힐王摩詰이 높은 안목眼目과 걸출한 솜씨로 십회향지十回向地를 거쳐 개오開悟에 나아가는 길을 보이고, 십지十地의 보살지菩薩地를 간명히 설명하며, 구경각究竟覺 정념무생情念無生의 경지境地를 오언팔구五言八句에 담았다. 시격詩格이 십우도十牛圖에 견줄 만하다. '변각사에 올라'의 본의本意를 본다.

竹徑(十回向)에 이르니 初地(歡喜地)에 이어지고
蓮峰(離欲地)에 이르니 化城(發光地)이 나타나누나.
窓(焰慧地) 가득, 五地, 六地, 七地가 펼쳐졌네.
수풀(不動地) 위에 九江(善彗地)이 평안히 흐르네.
연한 풀밭은 上道人의 가부좌跏趺坐를 받들고
높은 소나무는 무정법(無情法)을 설說하누나.
法雲(法雲地) 밖에 眞性으로 逍遙(等覺)하고
佛은 세상을 觀하며 無生(妙覺)에 계시도다.

등변각사에 나타난 경지를 화엄의 도심경지道心境地에 비추어 살펴본다.

0. 竹徑 — 십회향十回向地 —
1. 初地 — 환희지歡喜地 — 華嚴一地
2. 蓮峰 — 이욕지離欲地 — 華嚴二地
3. 化城 — 발광지發光地 — 華嚴三地
4. 窓 — 염혜지焰慧地 — 華嚴四地
5. 楚東 — 난승지難勝地 — 華嚴五地
6. 楚西 — 현전지現前地 — 華嚴六地
7. 楚南 — 원행지遠行地 — 華嚴七地
8. 林 — 부동지不動地 — 華嚴八地
9. 九江 — 선혜지善彗地 — 華嚴九地
0. 法雲 — 법운지法雲地 — 華嚴十地

空居 — 등각等覺
無生 — 묘각妙覺 — 佛

화엄팔지의 부동진심지不動眞心地에 이르러야 온전히 윤회의 고를 벗는다고 한다. 천태지자대사天台智者大師는 제자를 이끄는데 힘을 다하다가 화엄오지에 그쳤고, 원효대사도 화엄칠지에 그쳤다고 전한다.

일설에 왕마힐이 화엄오지의 경지라 하나 그 경지를 가름하기 어렵다. 그 경지가 아니면 그 경지를 말할 수 없기 때문이다. 등변각사는 뒷사람이 자세히 살펴야할 걸출한 선시禪詩이다. 말법에 개오開悟하여 환희지에서 불법을 설하는 것은 개오의 스승이 드물기 때문이다.

그 설에 끽다거喫茶去, 즉심즉불卽審卽佛, 평상심시도平常心是道를 세우나 대체로 종지宗旨를 드러내는 것에 그칠 뿐, 경지를 보이는 설법은 만나기 어렵다. 그러므로 그 경지는 옛 스승과 같지 아니한 것이다. 화엄의 도심경지道心境地를 송의 보명普明과 곽암廓庵이 그리고 읊은 십우도十牛圖가 있다. 수행단계와 경지를 10단계로 나누어 십우도十牛圖라 이름한다. 우牛란 성性의 비유比喩이다. 이 밖에 비슷한 뜻의 십마도十馬圖, 십상도十象圖가 전해 온다. 소性를 찾아 길들인다는 뜻에서 목우도牧牛圖라고도 하며, 정념情念이 쉬어 밝아지는 단계를 그림으로 보인 것은 둔근을 정로正路에 이끄는 방편이다. 소를 타고 소를 찾는다는 방편설에 혜월선사(慧月禪師)는 "왜 그런 소리를 하는가?" 하고 꾸짖었다.

공적영지空寂靈知의 도심道心을 어찌 그림으로 온전히 전달할 수 있겠는가? 규봉圭峰대사가 수선백도修禪百圖를 그려 불법의 대요를 설명하였다가 지워 없앤 일로써 그러함을 알 수 있다. 십우도에 약간의 허물이 없지 않으나 그 뜻은 높고 자애롭다고 하겠다. 보명普明의 목우牧牛와 곽암廓庵의 심우尋牛의 십우도형해十牛圖形骸를 본다.

보명普明 십우도十牛圖

1. 未牧 미목: 힘 다해 성性을 찾으나 밝히지 못하다.
2. 初調 초조: 처음 개오開悟하여 살피다.
3. 受制 수제: 탐진치애증貪嗔痴愛憎이 나날이 쉬다.
4. 廻首 회수: 칠정七情의 장애없이 산수山水간에 소요逍遙하다.
5. 馴伏 순복: 세상을 잊고 무심無心으로 소요逍遙하다.
6. 無碍 무애: 칠정七情의 장애障碍가 사라지다.
7. 任運 주운: 행주좌와行走坐臥에 진지眞知가 두렷하다.
8. 相忘 상망: 칠정七情과 경계境界를 말끔히 벗다.
9. 獨照 독조: 진심眞心으로 함이 없이 관행觀行하다.
10. 雙泯 쌍민: 각覺과 각覺의 자취가 사라지다.

곽암廓庵 십우도十牛圖

1. 尋牛 심우: 위법망구違法忘軀하여 관심觀心에 나아가다.
2. 見跡 견적: 진심眞心의 그림자를 보다.
3. 見牛 견우: 진심眞心을 보다.
4. 得牛 득우: 진심眞心에 계합契合하다.
5. 牧牛 목우: 진심眞心으로 행주좌와行走坐臥하다.
6. 騎牛歸家 기우귀가: 진심眞心으로 소요逍遙하다.
7. 忘牛存人 망우존인: 覺을 쉬었으나 약간의 칠정경계가 남다.
8. 人牛俱忘 인우구망: 칠정七情과 증오證悟의 때를 벗다.
9. 返本還源 반본환원: 진심眞心으로 함이 없이 관행觀行하다.
10. 入焉垂手 입언수수: 각覺과 각覺의 자취가 사라지다.

십우도는 관심觀心하여 자성自性을 밝혀 온전히 진심眞心을 회복하는 과정을 그리고 그 경지의 나아감을 비유하여 읊은 그림과 시이다. 변각사의 초구,

"대숲의 지름길이 환희지歡喜地,初地로 이어지고"

에서 대숲은 관심법을 이르며, 지름길은 정념을 쉬는 것, 즉 휴헐공부休歇工夫이다. 만약 정념을 쉬고 쉬어 홀연히 칠정七情이 그치면 진심眞心이 스스로 드러난다는 뜻이다. 곧 이망즉진離妄則眞을 읊은 것이다. 왕마힐은'竹徑運初地'다섯 글자에 개안도요開眼道要를 간명하게 보인다.

선禪은 간명簡明하나 범부가 스스로 정념으로 번다히 사유하는 까닭에 지름길을 배우나, 믿고 이해하지 못하여 사잇길에서 헤매는 것이다. 달마대사가, "외식제연外息諸緣하고 내심무천內心無喘하여 심여장벽心如牆壁이면 가이입도可以入道니라"하였음이 간명의 도이다. 외식제연外息諸緣은 세상을 잊음이요, 내심무천內心無喘은 마음에 정념이 그침이다. 심여장벽心如牆壁은 정념의 그침이 적연부동寂然不動함이요, 가이입도可以入道란 정념이 없으면 도에 합한다는 뜻이다. 왕유는 요要를 밝혀,

"관심觀心이 익어 칠정七情 쉬면, 개오開悟로 이어지고"
"무생無生을 득得하여 세상世上을 관觀하누나."

라 읊어 말구에 무생無生을 설한다. 무생법인無生法認을 보인다. 무생법인이란 망심妄心 즉 정념이 영멸永滅한 구경각究竟覺이다. 구경각은 정념의 몽환夢幻이 나지 아니하므로 무생인無生認이라 하는 것이다.

말세의 선사禪師가 황망히 바라보는 대적경지大寂境地이다. 왕마힐은 오언팔구五言八句에 개오開悟의 이理와 보살의 낱낱 경지와 열반의 구경을 간명히 담았다.

왕유상시 10.

輞川閑居 망천한거

—贈裵秀才迪

寒山轉蒼翠 한산전창취
秋水日潺湲 추수일잔원
倚杖柴門外 의장시문외
臨風聽暮蟬 임풍청모선
渡頭餘落日 도두여낙일
墟里上孤煙 허리상고연
復值接輿醉 복치접여취
狂歌五柳前 광가오류전

某註

※ 復值接輿醉 狂歌五柳前은 復值接輿醉 狂歌裵迪前이라 읽어야 시취詩趣가 살아난다. 오류선생五柳先生은 도연명陶淵明이다. 자신을 접여接輿에 기대고 배적거사를 도연명陶淵明에 비유하여 읊은 것이다. 배적거사는 견성見性하여 망세은거忘世隱居하는 은자隱者이다. 소박素朴에 거처하고 삼매三昧를 즐겨하나 이순耳順의 이사무애理事無碍와 종심從心의 사사무애事事無碍의 경지를 그대 배적은 아는가라 한 것이다.

망천한거輞川閑居

— 배적秀才에게

한산寒山의 기운은 짙푸르게 바뀌고,
가을 냇물은 햇빛에 반짝이며 졸졸졸.
지팡이 짚고 사립문 밖을 나서노니,
서늘한 바람 맞으며 저녁 매미소리 듣누나.
나루터엔 석양빛 어스레,
옛 마을엔 연기 한 가닥 피누나.
다시 만났네! 술 취한 접여接輿,
오류선생五柳先生 앞에서 광가狂歌를 부른다네!

某註

* 말구末句 "다시 만나네! 술취한 접여接輿/ 오류선생五柳先生앞에서 광가狂歌를 부르네!"는 "왕유가 접여의 경지에 합했나니/ 그대 배적거사 앞에 무애가無碍歌를 부르노라!"라 풀어야 제격이라 하겠다.

某解

전사구는 천연天然의 성性으로 소요逍遙함을 읊었다.

寒山轉蒼翠　한산寒山의 기운은 짙푸르게 바뀌고
秋水日潺湲　가을 냇물은 햇빛에 반짝이며 졸졸졸.
倚杖柴門外　지팡이 짚고 사립문 밖을 나서노니

臨風聽暮蟬　서늘한 바람 맞으며 저녁 매미소리 듣누나.

후사구는 공부견처工夫見處를 열어 보인다.

渡頭餘落日　나루터엔 석양빛 어스레,
墟里上孤煙　옛 마을엔 연기 한 가닥 피누나.
復值接輿醉　다시 만났네! 술 취한 접여接輿,
狂歌五柳前　오류선생五柳先生 앞에서 광가狂歌를 부른다네!

접여接輿와 도연명을 빌려 왕마힐의 오처悟處를 읊어 배적거사裴迪居士에게 보내는 시이다. 접여는 장자莊子와 사기史記에 보인다. 접여는 은자隱者로써 성誠을 이루어 성성惺惺으로 소요逍遙한 대현大賢이다. 성誠이란 성性이 성성惺惺하여 지성무위至誠無爲를 향하는 이순耳順의 공부경지工夫境地이다. 공자가 초나라에 있을 때, 접여가 공자거처 앞에서 광가狂歌하였다. 광狂이란 세속世俗을 떠난 언어言語라, 속사俗士에게는 미친 소리로 들리는 까닭이다. 광가狂歌란 방외方外의 무사태평가無事泰平歌이다.

復值接輿醉 다시 만났네! 술 취한 접여,
狂歌五柳前 오류선생五柳先生 앞에서 광가狂歌를 부른다네!

후사구는 왕마힐이 접여를 무심도인無心道人, 오류선생 도연명을 미회은자未會隱者라 평적해萍跡解하고, 왕유 자신을 접여에 빗대어 배적거사에게 오처悟處를 보인 것이다. 왕마힐의 본의를 더듬는다.

나는 자성自性을 회복回復하였네!

오늘은 술 취한 접여接輿가 되노라.
망세忘世하여 청한淸閑을 읊으나,
도道를 알지 못하는 도생陶生을 위해
광가狂歌를 읊노라!

시란 서정抒情, 세괘細罫, 상미詳味, 소재素材와 청한淸閑을 갖추면 볼만하다. 그러나 세속과 방외方外를 통적通的하는 철안哲眼이 없으면 상시上詩라 할 수 없다. 망천한거輞川閑居는 상시의 격조를 모다 갖추었다고 하겠다.

▌某註

* 세괘細罫: 박학정세博學精細.
* 상미詳味: 진미眞味.

왕유상시 11.

秋夜對雨추야대우

—黎拾遺昕裵秀才迪見過秋夜對雨之作

促織鳴已急 촉직명이급
輕衣行向重 경의행향중
寒燈坐高館 한등좌고관
秋雨聞疎鐘 추우문소종
白法調狂象 백법조광상
玄言聞老龍 현언문노룡
何人顧蓬徑 하인고봉경
空愧求羊跡 공괴구양적

某註

* 고관高館: 높은 객사.
* 소종疎鐘: 탁 트인 종소리
* 봉경蓬徑: 잡초 덮힌 지름길.
* 공괴空愧: 부끄러움 없이, 당당堂堂하게.
* 양적羊跡: 상서로운 발길, 상서로운 자취. 羊跡은 良的.
* 양羊: 상서롭다.

추야대우 秋夜對雨

—가을 밤, 서늘한 빗줄기를 마주하며

귀뚜라미 우는 소리 어느새 급해졌고나.
얇은 옷을 두터운 옷으로 갈아입어야 겠거니.
차가운 등불 밝히고 높은 객사客舍에 앉았는데
가을 빗소리에 아련한 종소리 듣누나!
백법白法으로 범부凡夫의 광상狂想을 맑히고
현묘玄妙의 도道는 도인道人에게 물어야하나니,
누가 있어 정념情念없는 묵정로默靜路를 돌아보는가?
오늘 그대들의 상서로운 발길에 당당히 이르노라.

某註

* 백법白法: 범부의 망념妄念을 일시一時에 맑히는 정법正法.
* 광상狂象: 광상狂象은 광상狂想이다. 광狂이란 범부凡夫가 환幻에 전도顚倒되어 인생人生을 칠정七情에 맏기는 이름 이다.
* 현언玄言: 현묘지도玄妙之道를 가리킨다.
* 노룡老龍: 회도인懷道人, 즉 도道를 깨친 이.
* 봉경蓬經: 쑥이 무성한 지름길. 사람이 다니지 않는 지름길. 묵정로默靜路와 같은 뜻.
* 묵정로默靜路: 칠정七情의 어지러움이 끊어진 길. 묵정전默靜田과 같은 뜻이다. 묵정전默靜田의 이명異名은 치菑이다.
* 그대: 여흔黎昕과 배적裵迪은 망세은사忘世隱士이다.

▌某解

추야대우秋夜對雨는 왕유가 여흔거사黎昕居士와 배적거사裵迪居士의 방문을 받고 도담道談을 나눈 뒤, 공부길의 대요를 간략히 보인 것이다. 그날 가을비가 촉촉하게 내리고 있었다. 전사구는 무정無情을, 그리고 후사구는 공부길의 대요를 보인다. 후사구를 음미한다.

> 백법白法으로 범부凡夫의 광상狂想을 밝히고
> 현묘玄妙의 도道는 도인道人에게 물어야하나니,
> 누가 있어 정념情念없는 묵정로默靜路를 돌아보는가?
> 오늘 그대들의 상서로운 발길에 당당히 이르노라.

백법白法은 정법淨法이니 곧 정법正法이다. 정법正法은 본래의 참나眞我를 회복하는 법法이다. 정념은 환幻이라, 환幻을 쉬면 곧 본래가 드러나는 것이다. 그러나 범부는 숙습宿習이 두터워 들어도 이해하기 어렵고, 이해할 수 있으나 계합하기 더욱 어렵다. 그런 까닭에 자성自性을 밝혀 정념의 체體를 명확히 알아야 도문道門을 연 것이라 하겠다.

백법白法은 곧바로 자성自性을 가리켜 보이고, 자성自性에 계합契合하면 정념이 환幻인 줄 아는 법法이므로 정법인 것이다. 오직 백법으로 범부의 칠정광상七情狂想을 밝혀야 한다는 말이 적확한 것이다. 추야대우秋夜對雨를 읊을 때, 왕유의 경지는 이미 밝고 높았다고 할 것이다. 그리고 도는 도를 아는 이에게 물어야 바르게 될 수 있다.

그러므로 노룡老龍 즉 도道를 품은 이(懷道人)에게 물어야 한다고 하였다. 또한 세속의 정념을 잊고 자성을 회복回復하는 공부에 나서는 이 몇이던가? 하고 묻는다. 여흔黎昕과 배적裵迪의 공부가 익어 감을 보고 왕유가 힘을 보태어 이르는 것이다. 왕유의 밝고 당당한 견처가 뒷사람에게 귀감이 될 것이다. 왕유의 경지에 대해 절세고사絶世高士 소동파가 이른다.

> "왕유는 모습 없는 바깥(無相之外)을 거닌다. 생각으로 닿을 수 없고, 말로써 이를 수 없다. 그의 경지는 다만 옷깃을 여미며 바라볼 따름이다."

왕유의 참 경지를 보지 못하고 다만 자연서정시인自然抒情詩人, 남종화南宗畵의 개조開祖 즈음으로 이해하는 속사俗士의 견해야 어찌 하겠는가.

왕유의 심처心處는 세상 밖을 소요逍遙한다. 그 밝음을 배우는 것이 왕유시를 담는 길이 될 것이다. 늦은 가을 귀뚜리 소리, 한기寒氣, 빗소리, 종소리는 본래면목本來眞面目의 나툼이다.

방외方外의 거닒을 어렴풋이 짐작한다면 왕유의 시취詩趣에 조금은 다가간 것이라 하겠다.

淸溪 청계

淸冬見遠山 청동견원산
積雪凝蒼翠 적설응창취
皓然出東琳 호연출동림
發我遺世意 발아유세의

某註

- 蒼翠: 푸르디 푸른 모양.
- 皓然: 밝은 모양.
- 東琳: 벼슬살이.
- 琳: 푸른 옥, 옥소리.
- 發我遺世意: 세상의 뜻을 버리다.

청계 淸溪

맑은 겨울날 먼 산 바라보니
쌓인 눈에 푸르디 푸른빛 어렸어라.
호연皓然히 벼슬살이에서 나왔거니
나는 세속世俗을 버렸노라.

▮某註

* 청계淸溪는 무정소요無情逍遙의 문에 들어 그 즐거움을 읊은 시이다. 먼 산, 희디희어 푸른 설봉雪峰, 눈에 가득한 허공, 남기嵐氣 등의 오롯두렷 해맑은 천도天道와 벗하는 즐거움을 짝할 이 누구던가? 세상은 몇 술의 밥과 빈 이름을 위해 부질없이 나부대는 꿈속이 아니런가?
* 東琳동림: 벼슬살이.
* 琳림: 푸른 옥, 옥소리.
* 皓然호연: 밝은 모양.

山中 산중

荊溪白石出 형계백석출
天寒紅葉稀 천한홍엽희
山路元無雨 산로원무우
空翠濕人衣 공취습인의

某註

* 荊溪白石出: 정념이 훌쩍 줄어들면 저절로 진심이 드러난다.
* 天寒紅葉稀: 가을 깊어지면 겨울이 다가오는 법.
* 山路元無雨 空翠濕人衣: 무위無爲의 자연自然에 합하면, 천연天然의 해맑음이 절로 드러나는 것이다.
* 空翠濕人衣: 고금古今의 시객詩客이 이 구句를 높인다. 空翠濕人衣의 상미詳味에 합하면 왕유를 보리라.

산중 山中

형계荊溪에 물 줄어 흰 돌 드러나고
날씨 차가와지니 홍엽紅葉이 드문드문.
산길에 본디 비가 없었거늘
허공虛空의 푸르름이 옷을 적시네.

某註

* 산길에 본디 비가 없었거늘, 허공의 푸르름이 옷을 적시네.
이 한 구가 산중에 나타난 해맑은 방외方外의 소식이다.

某解

荊溪白石出　형계에 물 줄어 흰 돌 드러나고,
天寒紅葉稀　날씨 차가와지니 홍엽이 드문드문.
山路元無雨　산길에 본디 비가 없었거늘,
空翠濕人衣　허공의 푸르름이 옷을 적시네.

형계백석출(荊溪白石出)은 정념이 쉬면 저절로 진심이 드러나는 도리에 빗대었고, 천한홍엽희(天寒紅葉稀)는 가을 깊어지면 겨울이 다가오매 허공이 무어라 하던가? 곧 도법자연(道法自然)이라 한 것이다. 즉 '봄 여름 가을 겨울이 행함에 허공이 무어라 하던가?'라 한 논어의 四時行焉天何言哉(사시행언천하언재)의 해설이다. 산로원무우공취습인의(山路元無雨空翠濕人衣)는 무심無心의 상미詳味에 합하여 적조무위寂照無爲의 한閑을 보인 것이다.

정념으로 어우러진 세상에서 덕혜술지德惠術知의 사상을 배워 머물면 칠정세상七情世上을 벗어날 수 없다. 허공에서 배운다면 천신누려賤身陋廬의 초부樵夫라도 허공과 같아질 수 있는 것이다. 다만 칠정七情을 벗고 세상을 관조할 수 있어야 방외方外의 대장부라 할 수 있는 것이다.

某註

※ 도법자연道法自然: 도는 스스로 그러함을 본받는다. 사람이 본연의 성(性)을 회복하면, 도가 자신에게 온전히 갖추어 있음을 확인할 수 있다는 뜻이다. 노자의 도덕경에 보인다.

白黿渦 백원와

—흰 자라 바위 여울목

南山之瀑水兮　　남산지폭수혜
激石滈瀑似雷驚　　격석호팍사뇌경
人相對兮不聞語聲　　인상대혜불문어성
翻渦跳沫兮蒼苔濕　　번와도말혜창태습
蘚老且厚　　선노차후
春艸爲之不生　　춘초위지불생
獸不敢驚動　　수불감경동
鳥不敢飛鳴　　조불감비명
白黿渦濤戲瀨兮　　백원와도희뢰혜
委身以從橫　　위신이종횡
主人之仁兮　　주인지인혜
不網不釣　　불망부조
得遂性以生成　　득수성이생성

某註

* 滈호: 물이 희게 빛나는 모양. = 水+日+高.
* 瀑팍: 물이 용솟음치는 모양.
* 滈瀑호팍: 물이 용솟음쳐 은빛 물보라가 반짝이는 모양.

백원와 白黿渦

—흰 자라 바위 여울목

종남산終南山 폭포수여!
바위에 부딪쳐 솟구치는 은빛소리가 우레 같구나.
곁 사람의 말소리 듣지 못하겠도다.
소용돌이 뒤쳐 물 나래는 푸른 이끼 적시고녀.
이끼는 오래토록 커서 두터이 자랐나니,
봄풀七情이 곁에 자라지 못하누나.
길짐승은 놀라 움직이지 못하고
날짐승도 소리 내지 못하나니.
흰 자라 바위白黿渦는 세찬 여울물결 희롱戱弄하며
폭포에 몸을 맡겨 종횡縱橫에 태연泰然하구나.
폭포主人는 인仁하도다.
그물질도 낚시질도 아니 하나니
자성自性에 합하여, 밝은 삶을 얻었네라.

某註

* 白黿渦백원와: (흰자라 형상의) 흰바위 여울목. 백원와는 종남산 기슭의 물살 세찬 여울목.
* 黿원: 자라 * 渦와: 소용돌이
* 南山:종남산의 약칭. * 翻번: 날다.
* 跳도: 뛰다. * 蒼창: 푸르다. * 蘚선: 이끼

* 濤도: 큰 물결. * 委위: 맡기다. * 遂수: 이르다. 마치다.

某解

백원와白黿渦는 종남산 산자락의 소담素淡한 폭포의 풍광을 그리는 속에, 삶의 근원을 밝히는 개안처開眼處와 개안開眼의 요와 적연무위寂然無爲를 간명히 적시한 방외시方外詩이다. 하나의 폭포에 기대어 무정법無情法을 보이고, 적연무위寂然無爲를 드러내는 방외方外의 기량은 시불 왕유 외에 누가 가능할 것인가? 자연의 서정에 기댄 방외관조시方外觀照詩는 왕유 전이나 후에도 있지 아니하다.

대개의 선시禪詩는 공리空理를 가리켜 무심無心을 세우며 무사한거無事閑居를 밝히는 직설로써 은유의 게를 읊을지라, 꼬물거리는 한 구석의 산수와 생명의 이理를 관찰하고 조명하여 그 속에서 수행의 기승전결起承轉結을 보인 시는 드물다. 왕유는 백원와를 통해서 자연의 일상에서 심오深奧한 철리를 들어 보였다. 그 가운데,

"봄풀情念이 곁에 자라지 못하누나.(春艸爲之不生)"

함이 묘성緲聲이라 하겠다. 정념을 봄풀春草에 비유한 것이다. 본의는 '본래무심本來無心'을 의미한다. 장엄하고 고준高峻한 폭포 곁에는 봄풀이 자랄 수 없는 것이다. 진심이 드러나면 망심妄心은 아지랑이 사라지듯 자취조차 없는 것이다. 이 구는 깊이 연구하고 선정禪定에 친해야 약간의 측지測知에 나아 갈 수 있는 바라 구구한 설명은 생략한다. 왕유의 은의隱意를 얻지 못하면 망세은거시忘世隱居詩의 풍취를 만날 수 없다. 왕유의 관조경지觀照境地가 높고도 밝다. 뒷날의 소동파가 아침에 동림폭포소리를 듣고 개오開悟 하였다. 그 당체는 폭포

의 무정無情을 듣고 계합한데 다름 아니다. 시구의 은의隱意를 본다.

* 君不聞 雷瀑聲 隱者爲法忘軀 凝然守心兮

그대는 듣는가! 우레 같은 폭포의 無情說을! /

隱者는 求道에 몸을 잊었나니 / 굳게 眞心을 향하도다. /

* 力行而老行 言語道斷 心行處滅

힘써 行하고/ 오래오래 行할지니/ 언어길 끊어지고/ 마음길 滅하네!/

* 觀心淨行 情念滅盡 寂然不動 妄念不生兮 -

맑은 行으로 眞心을 觀하나니/ 情念이 滅盡하도다. /

眞心은 寂然하여 不動하나니 / 妄念이 나지 아니하니라 /

* 滅盡貪嗔痴하고 不聲愛憎兮라

貪嗔痴는 움직이지 못하고, 愛憎은 소리내지 못하누나.

* 火宅世中不關焉 天道本仁 凡夫日用而不知

불집 세상은 나의 일 밖이어라./ 天道는 본래로 仁이라, /

범부가 나날이 쓰면서도 아지못게라./

* 寂然無爲 行行無事 眞心現前 無極長樂兮

寂然하여 情念의 함이 없거니/ 行마다 일 없도다./

眞心이 現前하나니/ 天道의 樂이 無窮하여라./

-讀白黿渦 思王下解吟　백원와를 읽고 忘骸解吟하다.-

爲法忘軀하여　　　　爲法忘軀하여

凝然守心하나니	凝然守心하였거니
忽聞奇瀑雷驚兮	홀연 폭포소리에 놀랐어라.
言語道斷이요	言語 길 끊어지고
心行處滅이라	마음(妄念)이 사라졌네.
力行至老行하야	力行 젖어 宿老行되나니
休情顯自性兮라	情念 쉬어 眞性이 드러나니
不住七情일진저	七情이 머물지 아니하누나.
滅盡貪嗔痴하고	貪嗔痴는 움직이지 못하고
不聲愛憎兮라	愛憎은 소리내지 못하누나.
眞性無爲无碍兮라	眞性은 世事 큰 물결 戲弄하며
眞性只是縱橫寂然이거다	있는 그대로 縱橫에 寂然일세.
眞性本仁이라	眞性은 本來로 仁이라.
萬事無爲하나니	萬事에 情念의 함이 없어
從心逍遙하여	이러저러 머물지 아니 하나니
皓然泰然兮로라	皓然하고 泰然하도다.

왕유상시 15.

山中空翠 산중공취

藍谿白石出 남계백석출
玉川紅葉稀 옥천홍엽희
山路元無雨 산로원무우
空翠濕人衣 공취습인의

某註

* 山路元無雨, 空翠濕人衣: 천고千古의 명구名句.

산중공취 山中空翠

쪽빛 계곡에 물 줄어, 흰 돌이 드러나고
옥빛 시내에 붉은 낙엽이 드문드문.
산길에 원래 비가 없었는데
허공의 푸르름이 옷을 적시누나.

某註

* 13편의 산중山中과 15편의 산중공취山中空翠는 일로개음一路改吟인듯 하다. 아래에 비교한다. 一路改吟은 대저 여진餘塵을 씻어 청고淸高를 드러내는 것이다. 홍취興趣는 산중山中에 미룬다.

13편 산중山中

荊溪白石出 형계荊溪에 물 줄어 흰 돌 드러나고,
天寒紅葉稀 날씨 차가와지니 홍엽紅葉이 드문드문.
山路元無雨 산길에 본디 비가 없었거늘,
空翠濕人衣 허공虛空의 푸르름이 옷을 적시네.

15편 산중공취山中空翠

藍谿白石出 쪽빛 계곡에 물 줄어, 흰 돌이 드러나고
玉川紅葉稀 옥빛 시내에 붉은 낙엽이 드문드문.
山路元無雨 산길에 원래 비가 없었는데
空翠濕人衣 허공의 푸르름이 옷을 적시누나.

왕유상시 16.

木蘭柴 목란시

秋山斂餘照 추산렴여조
飛鳥逐前侶 비조축전려
彩翠時分明 채취시분명
夕嵐無處所 석람무처소

목란울짱 木蘭柴

가을 산은 남은 따사로운 빛을 거두고,
나는 새는 짝지어 돌아가네.
그렇게 푸르른 산 빛이 허공을 적시더니,
해질녘, 남기嵐氣는 흔적이 없고나.

▌某註

* 嵐氣남기: 아지랑이처럼 떠도는 산기山氣. 우리말로 '이네'라 한다. 산에 떠도는 어떤 기운으로써 모습 없이 일어난다고 하여 '이네'라 한다. 하선가下仙家에서는 지기地氣 혹은 천기天氣라 부르기도 하나, 남기嵐氣는 해가 있을 때 드러나 어우러지는 산의 생기生氣를 이르는 것이다.

▌某解

秋山斂餘照　가을 산은 남은 따사로운 빛을 거두고
飛鳥逐前侶　나는 새는 짝지어 돌아가네.

에서 인생人生의 천연天然을 보이고,

彩翠時分明　그리도 푸르른 산 빛이 허공을 적시더니,
夕嵐無處所　해질녘 남기嵐氣는 흔적이 없고나.

에서 인생의 덧없음을 가리킨다. 한 때 그 푸르른 산의 생기生氣도 해가 질 녘이면 모다 흔적 없이 사라지는 것이다. 범부의 인생살이는 본래의 천연天然을 갖추고 있으나, 범부는 착식錯識의 숙습宿習으로 인하여 이름과 모습을 따라 생기生氣를 발하다가 때가 되면 그 허상虛像에서 흔적痕迹 없이 떠나는 일을 되풀이 하는 것이다.

늦은 가을 산에 빛과 새의 자취는 천연天然을 그리고, 해질 녘의 남기嵐氣는 허상虛像을 가리킨다.

목란시木蘭柴는 목란 울짱 곁에서 방方의 내외內外를 비추어 보이는 것이다. 누가 허상虛像을 허상虛像인 줄 알면서도 허상虛像의 노리개가 되어 부림을 당하겠는가?

왕유상시 17.

辛夷塢 신이오

—목련 둑

木末芙蓉花 목말부용화
山中發紅萼 산중발홍악
澗戶寂無人 간호적무인
紛紛開且落 분분개차락

某註

* 萼악: 꽃받침.

신이오 辛夷塢

—목련 둑

나무가지 끝마다 연꽃인 듯 목련화,
산 속에 붉은 꽃잎 토하네.
개울 가 고요한 오두막,
꽃들이 어지러이 피고 지누나.

▌某註

* 澗戶寂無人의 寂無人의 일반적 역譯에 '적막히 인적 없고'라 한다. '사람 없어 고요하고'가 바르다. 적막寂寞은 쓸쓸함을 드러내는 것이나 왕유의 시취詩趣에 쓸쓸함은 없다. 본고는 '고요한 오두막'이라 하였다.

▌某解

산 속의 이른 봄, 연꽃 닮은 목련꽃이 오두막 옆의 개울 길을 따라 흐드러지게 피고 진다. 다만 그러하다.

木末芙蓉花　나뭇가지 끝마다 연꽃인 듯 목련화,
山中發紅萼　산 속에 붉은 꽃잎 토하네.
澗戶寂無人　개울 가 고요한 오두막,
紛紛開且落　꽃들이 어지러이 피고 지누나.

다만 그러한 천연天然을 다만 그러하게 비추는 왕유의 거울心鏡을 본다. 싱그러운 자연의 한 때를 있는 그대로 표현했을 따름인데 송宋, 명明, 청淸의 문객文客들이 찬하고 흉내 내나 후객의 시풍이 왕유와 다른 것은, 그들의 흉중에 정념情念의 묵은 때가 있어 무시無時로 덧씌우기 때문이다. 그들은 무위천연無爲天然을 알지 못한다. 원효元曉의 친구親灸로써 신이오辛夷塢를 본다.

> 無理之至理　이치 없음의 지극한 이치요,
> 不然之大然　그러하지 아니함이 본래 그러함이니라.

그 지극한 이치理致의 이치理致 끊어짐 마저 잊고 볼 수 있다면, 신이오辛夷塢의 본의를 보리라.

왕유상시 18.

鳥鳴澗 조명간

人閒桂花落 인한계화락
夜靜春山空 야정춘산공
月出驚山鳥 월출경산조
時鳴春澗中 시명춘간중

某註

* 계화(桂花): 계수나무꽃.

조명간 鳥鳴澗

사람 한적閑寂한데 계화桂花 떨어지고
고요한 밤, 봄 산은 비었네.
달 떠오르니 산새 놀라
봄 시내에서 간간이 지저귀네.

某註

* 명明의 호응린胡應麟은 '조명간鳥鳴澗'과 '신이오辛夷塢'를 입선入禪의 미味가 있다고 평한다. 호씨가 선禪에 밝은지는 의심스럽지만, 약간의 짐작하는 바가 있는 것 같다. 조명간鳥鳴澗은 입선入禪의 미味를 지나, 유선遊禪의 지미至味가 있다고 하겠다.

왕유상시 19.

竹里館 죽리관

獨坐幽篁裏 독좌유황리
彈琴復長嘯 탄금복장소
深林人不知 심림인부지
明月來相照 명월래상조

某註

* 深林人不知, 明月來相照는 方外의 明句이다. 明月과 내가 서로 비추는 道理라, 情念의 간섭이 없는 경지이다. 情念의 간섭이 없고자 하는가? 다만 情念이 絶滅한 이후라야 이에 거닐 수 있는 것이다. 末世의 詩人은 抒情의 때를 벗고 觀念이 不得已한 약속인 줄 通解해야 明月來相照의 至味에 조금은 다가간 것이다.

죽리관 竹里館

대숲竹林에 홀로 앉아
거문고 뜯고 길게 소리 내어 읊노라.
깊은 숲속, 사람들 알지 못하나니
밝은 달과 내가 서로 비추우네.

某註

* 사람들이 왕유의 무정소요無情逍遙의 즐거움을 알지 못한다. 깊은 숲속 홀로 앉아, 밝은 달이 다가오니 왕유와 달이 서로 비춘다. 다만 서로 고요히 비춘다. 왕유와 달이 서로 잊고 서로 비추는 도리道理에 누가 있어 짝할 것인가.

送別 송별

下馬飮君酒 하마음군주
問君何所之 문군하소지
君言不得意 군언부득의
歸臥南山陲 귀와남산수
但去莫復問 단거막복문
白雲無盡時 백운무진시

某註

* 南山陲남산수: 종남산終南山의 험險한 곳.

송별 送別

하마下馬하여 술을 권커니,
그대는 어디로 가는가?
그대 말하네, 세상에서 뜻을 얻지 못해
종남산終南山의 험처險處에 돌아가, 누워서 구름 보려 한다네.
세상사世上事 잊고서 그저 떠나시게!
종남산에는 백운白雲이 없을 때가 없으리.

某註

* 送別송별은 왕유가 종남산에 은거隱居하려 떠나면서, 주막酒幕에 들러 자문자답自問自答하는 시이다.
* 난세亂世를 맞아 백운白雲을 벗하여 관조공부觀照工夫에 남은 힘을 다하려는 의지가 보인다.
* 세상을 잊고 떠날 때에는 모든 세사世事를 일시一時에 벗고 말없이 그냥 떠나야함을 말한다. 남은 사연絲緣이 있으면 잊음이 아니고 떠남도 아니기 때문이다.

童稚 동치

— 어린 아이는 벼슬을 모른다

萋萋芳艸春綠　처처방초춘록
落落長松夏寒　낙낙장송하한
牛羊自歸村巷　우양자귀촌항
童稚不識衣冠　동치불식의관

某註

* 童稚동치: 어린 아이, 천진무구天眞無垢.

동치 童稚

—어린 아이는 벼슬을 모른다

우거진 방초芳草에 푸른 봄 깃들고,
낙락장송落落長松은 여름에 서늘함을 토吐한다.
해지자 소와 양은 스스로 촌가村家로 돌아오고,
아해들은 관복官服 입은 벼슬아치를 알지 못하네.

某註

* 봄이 오면 방초芳草에 푸르름이 깃들고, 한 더위에도 장송長松 아래엔 서늘함이 서린다. 소와 양은 제 집을 찾아갈 줄 알고, 아해들은 사람을 보되 그 벼슬은 보지 않는다.
* 도道는 스스로 그러함(自然)을 본받고, 은현달사隱賢達士는 본향本鄕을 찾아서 거처함을 근본 삼으며, 정습情習에 머무름이 없는 이는 사물을 대하되 무념無念으로 보는 것이다.

山客 산객

桃紅復含宿雨　도홍복함숙우
柳綠更帶春煙　유록갱대춘연
花落家僮未掃　화락가동미소
鶯啼山客猶眠　앵제산객유면

산객山客

붉은 복사꽃은 간밤의 빗방울 머금고,
푸른 버들은 봄 안개 띠를 둘렀네.
꽃잎 지는데 아해가 아직 쓸지 않았고
꾀꼬리 울어 예는데 산객山客은 잠을 자도다.

某註

* 산중山中의 한거閑居를 읊었다. 산객山客은 아마도 왕유 자신을 가리키는 듯하다.
* 산중의 어느 봄날, 풍광風光은 세상의 칠정七情 굴림을 잊었고, 세상은 산중을 알지 못한다.

* '간밤에 불던 바람 만정도화 다 지거다./ 아해가 비를 들어 쓸으려 하는구나./ 두어라! 낙화인들 꽃이 아니랴. 쓸어 무삼 하리오.'의 시취詩趣가 산객山客에 보인다. 그러나 '낙화인들 꽃이 아니랴'의 구句에는 유정有情의 구垢가 보인다.

왕유상시 23.

鹿柴 녹채

空山不見人 공산불견인
但聞人語響 단문인어향
返景入深林 반경입심림
閑照青苔上 한조청태상

某註

* 柴채: 울짱. 울타리. 柴채는 砦채와 같은 글자이다.
* 柴시: 섶. 땔감.
* 閑照한조: 복조復照와 같은 뜻이다.

녹채 鹿砦

빈산에 사람은 보이지 않는데
아련히 말소리만 들려오네.
저녁 노을빛, 숲 깊이 찾아와
파아란 이끼 위를 한가로이 비추운다.

某註

* 砦와 柴는 같은 글자이다.
* 空山不見人 但聞人語響 返景入深林 閑照靑苔上의 시어詩語와 시취詩趣를 송宋, 명明, 고려高麗, 조선朝鮮의 이름난 시인詩人이 숭인崇引하여 읊은 시가 천편이 넘을 것이다.
* 녹채鹿柴의 청광淸光에 부합해야 시詩를 좋아한다고 할 만 하다.

파선한음 破仙閑吟 십칠수十七首

소식上詩

소식상시 1.

知迷 지미

中年添聞道 중년첨문도
夢幻講已詳 몽환강이상
儲藥如丘山 저약여구산
臨病更求方 임병갱구방
仍將恩愛刃 잉장은애인
割此衰老腸 할차쇠노장
知迷欲自反 지미욕자반
壹慟送餘傷 일통송여상

某註

* **儲저**: 쌓을.
* **仍잉**: 인할.
* **慟통**: 서럽게 울.

망념妄念을 쉬고저

중년中年에 들어 기쁘게 도道를 배웠네.
칠정몽환설七情夢幻說을 이미 자세히 들었으나
약재經論를 산더미처럼 쌓아 놓고
병迷惑境界이 들면 또 처방處方을 찾는다.
여전히 은혜恩惠와 사랑의 칼날로
이 노쇠老衰한 창자를 자르고 있구나.
돌이켜보아 미혹迷惑하여 이런 줄 알겠거니
한 바탕 크게 울고, 망념妄念을 쉬고자 하노라.

某解

정념情念은 범부凡夫의 마음이요, 정념情念이 없는 진인眞人의 마음을 진심眞心이라 한다. 그러나 범부凡夫와 진인眞人은 미오迷悟의 갈래를 두어 지은 이름이요, 진심眞心이 범부의 본래本來의 마음이다.

정념情念이란 곧 칠정七情이라, 희喜, 노怒, 우憂, 사思, 비悲, 경驚, 공恐을 가리킨다. 즉 기쁨, 성냄, 근심, 생각함, 슬픔, 놀램, 두려움이다. 범부는 정념을 고유한 마음으로 삼고 인생을 꾸린다. 범부凡夫는 정념으로 탐貪, 진嗔, 치痴, 애愛, 증憎의 망념妄念을 짓고 기뻐하고 슬퍼하며 일생을 정념 속에서 살아가는 것이다.

대저 정념은 사람의 수심愁心을 짓고 모든 병의 근원이 된다. 백

병의 근원根源은 마음情인 것이다. 이때의 마음이란 칠정이다. 정情이란 병증病症에 다름 아니다. 논어에 애이불상哀而不傷 낙이불음樂而不淫이라 즉 슬퍼하되 상함이 없고, 즐거워하되 삿됨이 없다 함은 진인眞人의 마음眞心이다. 유가에서 공자이후, 종지를 잘 밝힌 이는 당의 이습지李習之,翱(772-836) 선생이다. 이습지의 본무칠정설夲無七情說이 높으나 널리 알려지지 못했다. 본무칠정설은 이습지의 복성론復姓論의 주설主說이다. 이습지는 도림선사道琳禪師의 문인이다.

송의 정이와 주희의 억설인 이성설二性說은 공문孔門의 큰 병통病痛이다. 이습지선생의 본무칠정설夲無七情說만이 공자의 종지宗旨를 이은 것이다.

범부는 성性에 밝지 아니하여 칠정七情의 내용을 알지 못하고, 칠정七情을 참마음眞心으로 여겨 칠정七情에 가리운 몽환夢幻의 삶을 꾸리는 것이다. 칠정은 때에 따라 나타나고 사라지기에 변하는 것이며, 변하는 까닭은 실체가 환심幻心이기 때문이다. 이 도리는 궁리로써 확인할 수 없다. 그러므로 현성이 그 대략을 말하고, 비유로써 이르며, 구구한 설명을 피하는 것이다.

반야심경般若心經에 오온개공五蘊皆空이라 하고, 중도론中道論에 변견邊見이라 하며, 유식론唯識論에 식識이라하며, 기신론起信論에 유심소작唯心所作이라하는 말씀이 모두다 칠정七情이 환幻임을 가리키는 것이다.

현성은 정情의 몽환夢幻을 마음으로 여기며 살아가는 범부를 깨우치려 도를 세우고 교를 펴는 것이다. 소동파는 정념몽환설情念夢

幻說을 듣고 통해하여, 환幻을 좇아 살아온 인생을 벗고, 상락아정의 무위도無爲道에 거니고자 하였던 것이다. 동파 45세 1080년 1월 1일에 황주 귀양길에 올라 2월1일 도착 했다. 소동파가 이른다.

> "아아 늙었구나! 몇 년의 여가를 얻어 불가佛家에 의탁하여 불전佛典을 다 밝히어, 생각에 삿됨이 없는 마음으로 여래如來의 뜻에 합할 수 있을까? 아직 얻은 바가 없으나 얻게 되기를 바란다. 황주에 적거하여 일 년 내내 일이 없는지라 이 뜻을 행할 수 있을 것 같구나. 그러나 황주의 절에는 이렇다 할 경장經藏이 없다."

> "공자 이르기를, 한마디로 일러'시 삼백의 생각에 됨이 없다.'라 하였는데, 대저 생각이 있다는 것은 다 삿되다는 것이다. 선과 악이 한가지로 생각에 삿됨이 없다면 흙과 나무이다. 어찌하면 생각함이 있으면서도 삿됨이 없게 할 수 있으며, 생각함이 없으면서도 흙, 나무가 아니게 할 수 있을까?"

지미知迷는 동파 47세에 읊었다.

> 중년에 들어 기쁘게 도를 배웠네.
> 정념몽환설을 이미 자세히 들었으나
> 약재經論를 산더미처럼 쌓아 놓고
> 병迷惑境界이 들면 또 처방을 찾는다.
> 여전히 은혜와 사랑의 칼날로
> 이 노쇠한 창자를 자르고 있구나.
> 돌이켜보아 미혹하여 이런 줄 알겠거니

한 바탕 크게 울고, 망념을 쉬고자 하노라.

소동파가 정념몽환설은 이미 통해했으나, 생각으로 생각을 지우려는 애씀이 허망하게도 잡념을 더하는 병이 되고, 고요하다가도 어느 틈엔가 잡념이 일어난다. 근본이치는 마음이 몽환이나 실제에는 여전히 사랑과 미움愛憎이 있는 것이 공부의 난제難題인 것이다.

동파 48세에 약간의 지견이 열려 적벽부를 읊는다. 도가의 양세창을 만나 함께 선유하면서 양세창에게 도심을 가리켜 보인 것이다. 적벽부는 개오開悟하기 일 년 전의 견해이다. 황주에 유배 온 지난 4년간의 간경看經과 묵좌默坐의 공효가 반야般若의 이를 꿰어 보았다고 하겠다. 불생불멸不生不滅, 부증불감不曾不減, 물불천론物不遷論, 무정진여無情眞如의 청정광명淸淨光明과 무위無爲의 낙樂을 ― 저 강물과 달을 듣는가? ― 에서 구름에 달 가듯 쏟아낸다.

客도 또한 저 강물과 달을 듣는가?
가는 것은 이와 같지만
일찍이 가버린 적 없으며,
― 불생불멸不生不滅의 이理

차고 비는 것이 저와 같지만
마침내 사라지거나 커지는 일이 없다.
― 부증불감不曾不減의 이理

대저 장차 그 변하는 이치로부터 이를 본다면

곧 천지도 일찍이 한 순간도 그대로 일 수 없고,
그 변하지 않는 이치로 이를 본다면
物과 我가 다함이 없음이라.
ㅡ물불천론物不遷論의 이理

또 무엇을 부러워하겠는가.
오직 江 위의 맑은 바람과
山 사이의 밝은 달만은
귀는 이것을 들어서 聲를 삼고,
눈은 이것을 만나 光明을 이루나니
ㅡ무정진여無情眞如의 청정광명淸淨光明

이것을 취해도 禁함이 없고
이것을 써도 다함이 없다네.
이는 청정광명造物者의 無盡藏이요,
나와 그대가 더불어 즐길 바이다.
ㅡ무위無爲의 낙樂

또 읊는다.

焚香默坐	향香을 사르고 묵묵히 좌선坐禪하여
深自省察	스스로를 깊이 성찰省察하였네.
物我相忘	사물事物과 내가 서로 잊었거니
身心皆空	몸과 마음이 다 비었네.

一念淸淨	일념一念이 청정淸淨하나니
汚染自落	오염汚染된 인식認識이 절로 없어지고,
表裏消然	안팎으로 소연消然하여
無所附麗	능소能所 깃는 바 없네.

소동파는 몸과 마음이 공空하여, 능소能所가 소연消然하고, 청정일념淸淨一念이 성성惺惺하다고 한다. 이러히 굳건한 연후에 개오開悟하는 것이다. 공부에 나아간 이는 위의 정요精要에 계합해야 한다. 칠정으로 인생을 꾸리다가 칠정 밖에 참나가 모습 없이 뚜렷하고, 시작과 끝마침에 속하지 아니하며, 만법에도 속하지 아니하며, 과거 현재 미래가 없는 당처에서 함이 없이 소요할 수 있음은 다만 칠정이 본래 환幻임을 확인한 연후의 경지이다.

공空이란 칠정을 환幻이라 가리키는 것이요. 각覺이란 진심眞心을 밝혀 칠정이 본래 없음을 깨달아, 무시무종無始無終으로 진심이 현전現前하는 것이다. 그러므로 공空이란 환幻을 가리키며 무無의 뜻이다. 더 나아가 이르면 진심眞心이 곧 각체覺體이다. 그러하니 각覺을 각覺함이 또한 허망한 견해인 것이다. 학인이여! 쉬이 각覺을 말하지 말라! 심체心體가 곧 각覺이다.

소식상시 2.

東坡枇杖聲 동파비장성

雨洗東坡月色淸 우세동파월색청
市人行盡野人行 시인행진야인행
莫厭犖确坡頭路 막염락학파두로
自愛鏗然枇杖聲 자애경연비장성

某註

* 犖락: 즐기다.
* 确학: 자갈 땅.

지팡이 끄는 소리 枇杖聲

비에 씻은 동파東坡, 달빛 맑고 맑으이,

도시都市사람 떠나고 촌村사람만 보이네.

얼룩소 끌어 자갈땅 개간開墾하노이, 언덕길 싫어 않고야.

해맑은 태공太空에 지팡이 끄는 소리, 홀로 좋아하노라.

▌某解

비장성枇杖聲은 동파 48세에 읊었다. 비장성이란 지팡이 끄는 소리이다. 동파는 공심空心에 비치는 지팡이 끄는 소리를 듣는다. 다만 듣는 것이다. 동파는 칠정의 간섭 없이 다만 듣고, 다만 보는 경지에 문득 계합한 것이다. 지팡이 소리와 내가 서로 비추는 것이다.

동파東坡란 백거이白居易의 시詩, '동파를 걸으며'(步東坡)에서 빌려 스스로 호號를 삼은 것이다. 뒷날 소동파는 도연명과 백거이와 오조사계五祖師戒가 자신의 전신前身이라고 술회한다. 동림東林, 진정眞淨 등의 고승들이 동파를 계화상戒和尙이라 불렀다. 서로 알아본다고 하겠다. 사계師戒는 설두雪竇의 문인門人이다. 설두雪竇의 고제高弟에 천의의회天衣義懷, 오조사계五祖師戒가 있다.

때때로 정념이 홀연히 쉬어, 지팡이 끄는 소리가 있는 그대로 들리는 것이다. 동파의 공부가 익어간다.

공부가 순일하면 정념이 홀연히 쉬는 소오小悟는 소리 없이 찾아오는 것이다. 소오小悟가 허다하면 대오大悟가 목전目前에 기다리는 것이다. 이러히 힘을 얻은 후, 여가에 적벽부赤壁賦를 짓고, 당대종사當代宗師 여산廬山의 동림상총東林常總을 찾는다.

소식상시 3.

東林溪聲 동림계성

溪聲便是廣長舌 계성변시광장설
山色豈非淸淨身 산색기비청정신
夜來八萬四千偈 야래팔만사천게
他日如何擧似人 타일여하거사인

여산廬山 동림사東林寺의 폭포소리

계곡의 물소리는 부처님의 설법이요
산 빛이 어찌 淸淨한 法身이 아니랴.
迷惑할 제, 팔만사천 偈頌을 두나니
다른 날, 뒷사람에게 이 消息을 어떻게 전할 것인가.

某解

동림계성東林溪聲은 소동파의 개오송開悟頌이다. 광장설廣長舌의 출처는 법화경法華經 신력품神力品이다. '夜來八萬四千偈'의 해석이 쉽지 않아, 학자의 식견 따라 해석이 구구區區하다.

'지난 밤에 팔만사천 게송을 꿰뚫었네.'

'밤이 되자 팔만사천의 게송을 설하니'

'밤사이 팔만사천 게송 있나니'

등등의 유사한 해석이 십여 문을 짓는다. 불법이란 홀로 세워진 것이 아니다. 범부에게 망심妄心이 있는 까닭에, 그 망심의 내용을 설명하고 진심을 드러내는 것을 불법이라 하는 것이다. 그러므로 범부가 허망한 마음을 두는 연유로 불법이 건립建立된 것임을 알 수 있다. 이러므로 불법을 응병여약應病與藥이라 하는 것이다.

범부의 마음은 정념情念이 진심眞心을 가린 것이다. 그 가린 바를 망심妄心이라 하는 것이다. 망심의 내용은 환幻이다. 환은 헛것이므로 실체가 없다. 그러므로 정념을 공空이라 하는 것이다. 망심은 본래 환幻일 따름이다.

망심은 없앨 것이 아니라 본래 없는 것이다. 다만 환幻임을 확인하면 없는 것이다. 환幻은 본래 있지 아니한 까닭이다. 망심이 본래 없음을 증명하고, 진심이 항상하여 여여부동如如不動함을, 가리켜 보이는 것을 불법이라 한다. 고덕이 이른다.

'내게 일체의 허망한 마음妄心이 없거늘,

어찌 일체의 법法을 씀이 있겠는가.'

(我無一切心이어늘 何用 一切法이리오).

불법이란 범부의 미혹을 인하여 일어난 가르침이다. 미혹한 망심 없이 불법이 홀로 존재한다고 하면 불법을 비방하는 것이다. 소동파의 시에 밤이라 함은 미혹迷惑를 뜻한다. 그러므로 '미혹迷惑할 제, 팔만사천 게송偈頌을 두나니'라 함이 가可하다고 하겠다.

1086년 4월에 황주黃州를 떠나, 참요화상參寥和尙과 함께 동림사東林寺의 동림선사(1025-1091)를 찾으니 동림선사가 이른다.

"그대는 어찌하여 무정설법無情說法은 듣지 않고, 유정설법有情說法을 듣는가?"

소동파는 말이 없었다. 전일의 공견空見과 청천자연聽天自然의 소오小悟가 힘을 쓰지 못한다. 견처見處가 통연명백洞然明白하지 않았기 때문이다. 뒷사람은 이 자리를 밝히 보아야 한다. 아침에 하직하고 동림사를 나서서 호계虎溪의 폭포소리를 듣자마자 개오開悟한다. 동파가 시를 지어 동림선사에게 올린다. 동림계성의 요는 본무정념本無情念이다. 어느 선객禪客이 동림계성 위에 구름 한 조각을 얹는다.

東坡居士太饒舌	동파거사는 혀가 넉넉해서
聲色關中欲透身	소리와 빛깔 가운데서 참 몸을 나투네.
溪若是聲山是色	계곡의 시냇물소리, 산의 빛깔이라면
無山無水好愁人	산도 없고 물도 없는 것이 시름 있는 이에게 좋으리.

계곡 물소리와 산 빛의 이름과 모습을 지우는 것이 정념情念 속에 사는 이에게 더욱 좋다고 한다. 어떤 망세객忘世客이 개음改吟한다. 改吟이란 점철성금點鐵成金의 뜻이다.

溪聲便是虛空說　계성변시허공설
山色豈非本眞身　산색기비본진신
秋風松月本自然　추풍송월본자연
忘世陋居不改兮　망세누거불개혜

溪谷의 물소리는 허공의 참 목소리요,
산 빛이 어찌 본래의 眞身이 아니랴!
秋風과 松月은 太虛를 吐하거니
忘世와 陋居를 고치지 않을레라.

소식상시 4.

廬山眞面目 여산진면목

橫看成嶺側成峰 횡간성령측성봉

遠近高底各不動 원근고저각부동

不識廬山眞面目 불식여산진면목

只然身在此山中 지연신재차산중

여산廬山의 참 모습

가로 보면 산줄기, 옆에서 보면 봉우리
원근고저遠近高低 보는 데 따라 다르게 보이네
여산廬山의 진면목眞面目을 알 수 없는 까닭은
다만 몸에 기대어 여산廬山 속에 있는 까닭일세.

某解

여산진면목廬山眞面目은 동림계성東林溪聲 다음에 읊은 오도송 연작連作이다. 동파 49세이다.

사람들이 자신의 진면목眞面目을 보지 못하는 것은, 몸을 나我라 여기며 정념情念 즉 망심妄心 가운데 있기 때문이다. 소동파는 이 도리를 밝히 알아, 여산에 빗대어 사람들이 스스로의 진면목을 보지 못하는 까닭을 간명히 읊었다.

이로부터 선가禪家에서 청정자성淸淨自性을 진면목이라 부르게 되었다. 소동파의 공부는 황주유배를 통해 밝아진다. 개봉開封에서 문명文名을 날리며 옳다 그르다 다투는 무리 속에 있었다면, 사상은 도에 가까우나, 무심無心으로 소요함은 멀었을 것이다.

유정有情과 무정無情을 낙화落花와 유수流水에 비유하여 어느 풍객風客이 읊었다.

落花有意隨流水　낙화유의수유수
流水無情送落花　유수무정송낙화

낙화는 유정有情으로 유수流水에 몸을 맡기나
유수流水는 무정無情으로 낙화를 보내누나.

정념몽환설情念夢幻說을 이해하여 궁리사변窮理思辨으로 읊은 것이다. 대혜종고大慧宗杲의 시를 본다.

落花片片隨流水 낙화편편수유수
流水無心戀落花 유수무심연낙화

낙화落花는 점점이 유수流水에 몸을 맡기고
유수流水는 무심無心으로 낙화落花를 좋아하누나.

유수무심연낙화流水無心戀落花가 정요精要이다. 궁리窮理와 실오實悟를 한 눈에 알아보아야 선시禪詩를 즐길만 하다고 하겠다. 여산진면목廬山眞面目을 푼다.

이리 보면 이러하고, 저리 보면 저러하네.
처소處所와 때에 따라 달리 보이누나.
나의 참모습을 알 수 없는 까닭은
몸을 나로 여기며, 정념情念 속에 있는 까닭일세.

소식상시 5.

無何有 무하유

問我何處來 문아하처래
我來無何有 아래무하유
熏風自南來 훈풍자남래
艸堂生微凉 초당생미량

무하유 無何有

어느 곳에서 왔느냐고 내게 물으면
나는 무하유無何有에서 왔다하리.
해맑은 바람薰風이 스스로 남에서 불어오나니
처마 끝에 희미하게 서늘함이 생生하누나.

某註

* **薰風**: 東南에서 부는 바람. 八風의 하나.

某解

무하유無何有는 50세작으로 동파의 오도송연작悟道頌連作이다. 1

구는 인생의 근원을 묻고, 2구는 무하유無何有에서 왔다고 한다. 무하유無何有의 정해가 쉽지 않다. 소동파도 개오開悟 이후에 밝게 알았다.

장자莊子의 무하유지향無何有之鄕이란 '어떤 것도 없는 곳'이다. '어떤 것'이란 정념이며, 정념은 범부의 망심이다. 시비선악是非善惡과 시공간時空間이 끊어진 곳이 무하유지향이다. 무하유지향無何有之鄕은 오롯하고 두렷한 진심의 본래면목을 가리킨다. 그 가리킴의 본지本旨가 무無이다. 무無란 무엇을 없다고 하는 것인가?

人皆苦炎熱하되　사람들은 모두 더위가 괴롭다지만
我愛夏日長이라　나는 긴 여름날을 사랑하네.
薰風自南來하니　훈풍이 남에서 불어오나니
殿閣生微凉이라　전각에 서늘함이 나누나.

위는 당 문종과 유공권柳公權이 더불어 읊은 속시俗詩이다. 동파가 유공권의 구를 가져와 장자의 무하유지향無何有之鄕과 어울려 선구禪句로 청화淸化했다. 전음前吟의 청화淸化를 점철성금點鐵成金이라 한다. 시재詩材와 어휘語彙는 늘 한계를 지닌다. 그러기에 인생의 본지本旨를 밝히고 어휘語彙를 갈마하여 청고淸高를 드높여야 뒷 세월의 표상이 되는 것이다. 동파의 청고淸高를 본다.

問我何處來　어느 곳에서 왔느냐고 내게 물으면
我來無何有　나는 무하유無何有에서 왔다하리.
熏風自南來　해맑은 바람이 스스로 남에서 불어오나니
艸堂生微凉　처마 끝에서 서늘함이 생生하누나.

어떤 중이 원오圓悟선사에게 물었다.

"어떤 것이 모든 부처님께서 몸을 나투신 곳입니까?"

원오圓悟선사가 답하였다.

"해맑은 바람이 스스로 남에서 불어오니, 처마 끝에서 서늘함이 생하누나."

'薰風自南來 艸堂生微凉' 아래 대혜大慧가 홀연忽然히 앞뒤의 시간時間이 끊어지고 응심부동凝心不動하더니 수일 후, 대오大悟하였다.

남송南宋의 대종장大宗丈 대혜선사大慧禪師가 소동파의 무하유無何有에 인연하여 세상을 뛰쳐나와 만인의 스승이 되었다고 할 것이다.

소식상시 6.

歲寒人 세한인

浪蕊浮花不辨春 낭예부화불변춘
歸來方識歲寒人 귀래방식세한인
回頭自笑風波地 회두자소풍파지
閉眼聊觀夢幻身 폐안료관몽환신

某註

* 聊觀료관: 지긋이 보다.

세한인 歲寒人

흔들리는 꽃봉오리에 취해, 봄을 보지 못하고
돌아와서 비로소 본래 사람歲寒人 알았네
생각하며 웃노라 풍파風波 겪은 자리
눈 감고 오롯 보나니, 꿈속의 환신幻身이거다.

某解

세한인歲寒人은 동파 51세 작이다. 세한인은 진면목, 진심眞心의 뜻이다. 세한은 논어論語의 말이다. 추위가 깊어 온갖 나뭇잎이 누르게 된 연후에 소나무와 잣나무의 늘 푸름을 알게 된다는 뜻이다.

온갖 정념의 잡념雜念이 그친 연후에야 참마음의 늘 푸름을 보게 되는 것이다. 늘 푸름이란 만고불변의 진심을 가리킨다. 동파선생이 공자의 사무사思無邪의 도리를 꿰어 통한 것이다. 동파 전세의 스승, 운문문언선사雲門文偃禪師의 게송偈頌을 본다.

萬里足下青 만리 허공虛空이 발아래 푸르러이.
東山水上行 동산東山이 물 위를 가누나.
吾道此是中 나의 도道는 이 가운데 있나니
行之貴日惺 행함에 오직 나날이 성성惺惺함을 귀貴히 여긴다네.

세상살이는 夢幻中이라, 이러거나 저러거나/
그 가운데 寂然不動의 眞心은 두렷이 밝도다./

나는 이러히 情念 밖에 逍遙하노라/
行走坐臥에 오직 惺惺 만을 貴히 여긴다네./

성성소요惺惺逍遙하는 대현大賢의 목소리를 들었다.

소식상시 7.

詩法 시법

細思乃不然 세사내불연
眞巧非幻影 진교비환영
欲令詩語妙 욕령시어묘
不厭空且靜 불염공차정
靜故了群動 정고료군동
空故納萬境 공고납만경
我心空無物 아심공무물
萬象自往還 만상자왕환

시법 詩法

자세仔細히 생각하면 곧 어긋나나니
참 기교技巧는 환幻같은 생각의 그림자가 아니어다.
시어詩語가 현묘玄妙에 나아가려면
공리空理와 청정淸淨을 싫어하지 않아야 하리.
지극히 고요함으로 온갖 칠정七情의 근원을 보고
공리空理를 자득自得해야 온갖 경계境界를 용납한다네.
나의 마음은 비어 칠정七情이 없나니
삼라만상森羅萬象이 스스로 왕래往來 한다네.

某解

시법詩法은 동파가 56세에 읊었다. 동파에 의하면 시법의 요는 정靜과 공空이다. 공空을 알고자 하면 먼저 정靜이 지극해야 한다. 범부凡夫의 마음은 모두 정념의 잡념雜念이다. 나타났다가 사라지는 마음은 모두 인식의 환幻인 것이다. 인식은 본래 환幻이라, 실재實在하지 아니하므로 범부의 인식을 공空이라 하는 것이다.

정념의 잡념雜念이 환幻인 줄 어떻게 확인하는가? 다만 잡념雜念이 고요해지면 참마음이 절로 드러난다. 참마음이 드러나면 정념은 없다. 정靜을 통해 공空을 아는 것이다. 참마음이 드러나면 공리空理를 확인하게 되어서 다시는 잡념雜念의 노예奴隷가 되지 않는 것이다.

여기서 정靜이란 정념의 정靜을 가리킨다. 애써 고요해지려는 정靜이 아니다. 육조대사六祖大師가,

"정靜을 구求해 좌선坐禪하는 무리들과 상종相從하지 말지니라."

함을 잊으면 참으로 고요함을 만나지 못할 것이다. 참으로 고요함은 무심삼매無心三昧이다. 본래의 무심無心에 합한 연후에야 무위無爲에 걸음마할 수 있다.

시법詩法도 인간사라 대도大道를 여의지 않는 것이다. 누가 대도大道를 떠나서 인생을 꾸려갈 수 있겠는가?

소식상시 8.

阿彌陀佛頌 아미타불송

佛以大圓覺 불이대원각
充滿河砂界 충만하사계
我以顚倒想 아이전도상
出沒生死中 출몰생사중
云何以一念 운하이일념
得往生淨土 득왕생정토
我造無始業 아조무시업
本從一念生 본종일념생
旣從一念生 기종일념생
還從一念滅 환종일념멸
生滅滅盡處 생멸멸진처
則我與佛同 칙아여불동

아미타불송阿彌陀佛頌

부처님은 대원각大圓覺으로
하사계河砂界에 충만充滿하신데,
나는 전도顚倒된 생각으로
생사生死 가운데 출몰出沒하는구나.
어찌 일념一念에 갇혀서
정토淨土에 가서 나리오.
내가 지은 무시업無始業은
본래 일념一念에서 생겨난 것.
이미 일념一念에서 생겨난 것이라면
도로 일념一念에서 멸滅하여 지는 것이니,
생生과 멸滅이 다 없어진 곳에는
나와 부처가 다르지 않다네.

某解

아미타불송阿彌陀佛頌은 58세에 읊었다.
육조대사六祖大師(638-713)가 이른다.

"앞생각이 미혹迷惑하면 범부凡夫요, 뒷생각이 깨치면 곧 부처라. 앞생각이 경계境界에 머물면 번뇌煩惱가 되고 뒷생각이 경계境界를 여의면 곧 보리菩提니라."(前念이 迷하면 卽凡夫요 後念이 悟하면 卽佛이며 前念이 着境하면 卽煩惱요 後念이 離境하면 卽菩提니라)

규봉선사圭峰禪師(80-841)가 이른다.

"다만 한 생각一念이라도 생기지 않으면 한 생각 이전의 인식과 한 생각 이후의 인식이 끊어진다. 마치 눈병眼疾이 낳으면 헛꽃空華이 없어지는 것과 같다. 중생이 부처이지만 그러한 줄 아는 이가 드물며, 알더라도 믿는 이가 드물며, 이해하더라도 그 경지에 도달하기 어렵다." (但一念不生하면 則前後際가 斷하리니 如翳差華亡等하니라 衆生卽佛 이거늘 人罕能知하며 知而 寡信하며 信而鮮解하여 解亦難臻此境이니라)

무념無念이란 칠정이 없는 마음이니 중생심이 없다는 뜻이요, 생각을 하지 않는 것이 아니다. 다시 말해 무념無念이란 생각하되, 칠정이 없이 생각하는 것이다. 무념無念은 범부의 생각으로 헤아려 닿지 아니하므로 불가사의不可思議 혹은 언어도단言語道斷이라 하는 것이다. 동파東坡가 이른다.

나는 전도顚倒된 생각으로
생사生死 가운데 출몰出沒하는구나.
어찌 일념一念에 갇혀서
정토淨土에 가서 나리오.
내가 지은 무시업無始業은
본래 일념一念에서 생겨난 것.
이미 일념一念에서 생겨난 것이라면
도로 일념一念에서 멸滅하여 지는 것이니,
생生과 멸滅이 다 없어진 곳에는

나와 부처가 다르지 않다네.

소동파가 일념一念을 돌이켜 비추우면 일념의 생멸生滅이 그쳐서 진심으로 행한다고 한다.

만약 일념의 당체에 계합契合한다면 자기의 진면목眞面目을 만나리라. 진면목을 만나 밝히면, 범부와 부처의 이름을 쉬게 되고, 천연天然의 무위無爲의 길에 의젓하게 되는 것이다. 진면목은 자기自己와 만나되 만남이 아니다. 부득이 만남이란 말을 두는 것이다.

소식상시 9.

南華寺 남화사

云何見祖師 운하견조사
要識本來面 요식본래면
我本修行人 아본수행인
三世積精煉 삼세적정련
中間一念失 중간일념실
受此百年譴 수차백년견

某註

* 譴견: 꾸지람, 허물.

남화사 南華寺

어찌하면 조사祖師를 뵈옵는 것인가.
본래本來의 자기 면목面目을 아는 것일세.
나는 본시 수행修行하는 사람이라
숙세宿世에 걸쳐 무위無爲를 배웠거니
중간中間에 한 생각 잘못으로
이러히 백년百年의 고생苦生을 겪는구나.

某解

남화사南華寺는 동파 60세에 읊었다. 개오開悟한 뒤에도 여전히 남아있는 좋지 않은 버릇을 쉬는 노력이 따라야 하는 것이다. 개오하여 환희지歡喜地에 이르러도 삼세육추三細六麤의 정념이 여전히 치성熾盛하여 따르므로 올올兀兀히 임성수연任性隨緣하여 성성惺惺으로 일신日新의 공부에 힘을 다해야 한다. 게을리 하면 공부가 퇴굴退屈하게 되는 것이다. 부동지不動地라야 퇴굴退屈 없는 경지이다. 부동지가 대자유인大自由人의 거처이다. 대저 개오開悟하여 환희지를 열었더라도 환희의 때(垢)를 벗는 데는 보호임지保護任持의 노력이 그치지 않아야 하는 것이다.

논어論語에 이른다.

"仁에 나아갔더라도 仁을 지키지 아니하면 반드시 잃느니라."

인仁은 명성明性 이후의 경지境地이다. 인仁이란 무위無爲요, 명성明性이란 견성見性과 같은 뜻이다.

개오開悟 연후라야 임성수연任性隨緣의 공부에 나아갈 수 있는 것이다. 고덕古德이 스스로에게 날마다 '속지마라'하는 것은 삼세육추三細六麤의 정념情念에 속지 않는 공부工夫를 의미한다. 어찌 뒷사람이 배우고 따르지 아니하랴! 소동파는 스스로의 공부를 잘 알아서 세사에 대한 정념과 시작詩作의 남은 버릇을 스스로 씻고, 무념無念으로 소요逍遙하고자 하는 것이다. 소동파의 회고견처回顧見處를 본다.

어찌하면 조사祖師를 뵈옵는 것인가.
본래本來의 자기 면목面目을 아는 것일세.
나는 본시 수행修行하는 사람이라
숙세宿世에 걸쳐 무위無爲를 배웠거니
중간中間에 한 생각 잘못으로
이러히 백년百年의 고생苦生을 겪는구나.

소동파가 자기의 진면목을 밝혀 계합契合하는 것이 조사를 뵈옵는 때라 한다. 명名과 상相을 따르는 이는 여기에서 느끼는 바가 있어야 할 것이다. 동파는 스스로 숙세에 수행하던 이였다고 한다.

그러나 한 때의 과보로 인하여 이러히 고생하며 겨우 공부길을 회복했다고 하며, 육십 세의 노구老軀로 다시 정념의 모습놀이 인생을 벗고자 성성惺惺공부에 힘을 다하고 있는 것이다.

도를 배우는 이가 동파시 남화사를 통해 스스로를 비추어보지 않는다면 더 볼 것이 있을 것인가?

소식상시 10.

空華 공화

空華誰開落 공화수개락

明月自朏朒 명월자비뉵

請問樂全堂 청문낙전당

忘言老尊宿 망언노존숙

某註

* 朏비: 초승달.
* 朒뉵: 초하룻날.

공화 空華

공화空華를 누가 피고 지게 하겠는가?
명월明月은 초사흘 빛없는 달도 된다네
늘 즐거웁다樂全는 그대에게 묻노니
말을 잊었다는 노선사老禪師는 어떠하신가?

某解

공화空華란 눈병을 인하여 나타난 허상이다. 정념이 공화空華임을 알면 인생에 새 길이 열린다. 사생死生 밖의 두렷한 밝음이 열릴 것이다. 공화空華란 눈병으로 나타난 환幻이다. 환幻은 본래 없는 것이라, 비록 범부 안목의 착식錯識에 의해 나타나더라도 나타난 것이 아니다.

본래 없는 것은 과거 현재 미래에 나타날 수가 없다. 어찌 본래 없는 것을 실재로 여길 것이며, 그것의 노예로 살아갈 것인가?

공화空華를 누가 있어 피고지게 할 것인가? 진심은 모습이 없다. 진심에는 공空이 없으며 공空아님도 없다. 정념이 본래 없는 것인 줄을 알아야 공空이란 개념이 허상을 가리키는 것인 줄 통해하게 되는 것이다.

소동파는 '늘 즐거웁다'는 낙전거사樂全居士와 그 스승의 망언忘言의 견처를 의심스러워한다. 즐거움과 망언忘言이 정념 가운데의 일이라면 아직 공부工夫가 아니기 때문이다. 정념 밖의 한閑을 자득自得하려면 정념이 환幻임을 반드시 밝히 알아야 하는 것이다.

소식상시 11.

觀妙 관묘

肅然是非	숙연시비
行走坐臥	행주좌와
飮食語默	음식어묵
具是衆妙	구시중묘
無不現前	무불현전
覽之不有	람지불유
却之不無	각지불무
忽之覺之	홀지각지
要妙如此	요묘여차

현묘玄妙의 도道

숙연肅然한 시비是非
가거나 머무르거나 앉거나 눕거나
마시거나 먹거나 말하거나 침묵하는 가운데
중묘衆妙가 온전히 갖춰져 있어
앞에 드러나지 않음이 없어라.
살펴봄에 있지 않고
물리쳐도 없지 않거니.
홀연히 깨닫는 것이라
요긴한 묘리妙理는 이와 같나니라.

소식상시 12.

勿言逍遙遊 물언소요유

人生識字憂患始 인생식자우환시
姓名粗記可以休 성명조기가이휴
何用艸書夸神速 하용초서과신속
開券惝怳令人愁 개권창황영인수
我嘗好之每自笑 아상호지매자소
君有此病何能瘳 군유차병하능추
自言其中有至樂 자언기중유지락
適意無异逍遙遊 적의무이소요유

某註

* 夸과: 자랑하다.
* 惝창: 멍하다.
* 瘳추: 낫다.
* 迪적: 나아가다.
* 异이: 그만두다.

소요유逍遙遊라 말 말라

인생에 글줄이나 아는 것,
우환憂患의 시작일세.
거칠게 이름자나 쓸 줄 알면
그만 둘 일.
어지러이 초서草書 배워
빨리 쓰기 자랑하는가?
책 펴면 머엉하여,
잘난 사람 시름 젓게 하네.
나도 일찍이 좋아 했거니,
매번 스스로 웃는다네.
그대도 이 병病 있으니,
어찌하면 낫겠는가?
글자랑 속에
지락至樂있다고 스스로 말하며
뜻대로 나아가서 제멋대로 하는 짓을
소요유逍遙遊라 하는구나.

▌某解

글줄이나 하는 총명한 이들은 소요유逍遙遊의 낙처를 알아서 스스로 소요유에 거처한다고 허풍떠는 이가 예나 지금이나 도처에 보인다. 공부하는 과정이라 할 수 있으나, 실은 자품資品이 얕은 까닭이라 하겠다. 동파의 안목에 낙양洛陽의 정이程頤 등의 문사들은 겉멋에 치우친 치우허풍객癡愚虛風客일 따름이다. 상사上士는 은일隱逸에 거처하며 늘 돌이켜보아 남은 정습情習이 봄바람에 꽃잎 날리듯 하는 것을 보며 성성무위惺惺無爲에 나아가지 못함을 부끄러이 여긴다.

소요유逍遙遊란 성성惺惺에 한거하는 높은 경지이다. 성성惺惺이란 진심이 밝게 두렷한 경지인 것이다. 범부가 예사로이 입에 담아서는 아니 되는 경지이다. 동파의 문인 황정견 역시 치우허풍객을 나무라는 시 관인觀仁을 남겼다.

寄語諸仁者　기어제인자
仁以何爲懷　인이하위회
歸源知自性　귀원지자성
自性卽如來　자성즉여래

말로만 인仁이라 하는 풍류객風流客들아!
인仁을 어찌 품을 수 있겠는가!
근원根源을 밝혀 자성自性을 알면
자성自性이 곧 여래如來라네!

글을 배워 과시科試에 나가 벼슬을 하면 총명인에 드나, 그 내용은 기억력과 관찰력이 괜찮은 칠정문사七情文士일 따름이다. 이들은 남의 글을 잘 외우고, 도라는 글자만 알 뿐 도의 내용을 알지 못한다. 그러므로 소동파가 식자우환識字憂患이라 하는 것이다.

식자우환의 출처는 둘이다. 하나는 소동파의 시에 나타난 것으로, 글은 잘하나 성인의 도에 어두운 문사의 허풍虛風을 나무라는 시구이다. 다른 하나는 삼국지에 나온다. 유비에게 제갈량을 소개했던 서서徐庶가 유비의 군사軍師로 있으면서 조조曹操를 괴롭히므로 정욱이 계략을 꾸며 거짓편지를 써서 서서를 조조 편으로 끌어들였다. 서서가 효자라는 것을 알고, 서서徐庶의 모母, 위魏부인의 글씨를 모방하여 조조 편에 서게 하였던 것이다. 나중에 위부인은 서서가 효심과 거짓편지 때문에 조조에게 간 것을 알고 '여자가 글을 아는 것이 우환憂患이 되는구나!(女子識字憂患)'라고 말한 것이다.

식자우환識字憂患의 출처에 인생식자우환시人生識字憂患始와 여자식자우환女子識字憂患이 있으나, 대체로 동파의 인생식자우환시人生識字憂患始를 인용하여 하사下士의 천식경행淺識輕行을 걱정하는 것이다.

소식상시 13.

失己 실기

道喪士失己 도상사실기
出語軌不情 출어궤부정
江左風流人 강좌풍류인
醉中亦求名 취중역구명
淵明獨淸眞 연명독청진
談笑得此生 담소득차생
身如受風竹 신여수풍죽
菴冉衆葉驚 암염중엽경

某註

* **菴冉**암염: 옛집에 나아가다. 본래면목을 회복하여 진심眞心에 거처한다는 은유隱喩이다.

실기 失己

도道가 없는 선비는, 진아眞我를 알지 못해
말을 해도 도리道理에 어긋나네.
강남의 풍류인風流人,
취중醉中에도 명성名聲을 구하누나.
도연명陶淵明만이 홀로 맑고 참되어
이 생生을 얻어 담소談笑하누나.
몸은 바람맞은 대竹와 같으나
옛 집에 찾아드니,
온갖 나뭇잎이 사각이며 놀래는구나!

▌某解

도가 없는 선비는, 진아를 알지 못해/ 말을 해도 도리에 어긋나네./ 강남의 풍류인/ 취중에도 명성을 구하누나./ 도연명만이 홀로 맑고 참되어/ 이 생을 얻어 담소하누나./ 몸은 바람맞은 대와 같으나/ 옛 집에 찾아드니, 온갖 나뭇잎이 사각이며 놀래는구나!

실기失己의 요의는 자성自性을 밝혀야 자성自性이 두렷할 수 있고, 정념이 본래 없는 줄 알아서 무심無心으로 소요逍遙에 나아갈 수 있다는 것이다. 정념이 본래 없는 줄 알면 환幻이니 공空이니 하는 말을 알게 되고, 세상 속에서 세상 밖에 거닐게 되는 것이라, 선비는 반드시 도를 배워 밝혀야함을 보였다.

"도가 없는 선비는, 진아를 알지 못해/ 말을 해도 도리에 어긋나네."

라 함은 정이程頤 등의 낙학파洛學派 선비를 가리킨 것이다. 낙학파는 모습을 좋아해서 가례家禮라는 이름을 통해 기제忌祭, 묘제墓祭, 사시제四時祭를 창안創案하고 제사상祭祀床차림, 제사홀기祭祀笏記, 의복 등의 범절을 번다하게 만들어 공자의 도에서 멀어졌다. 정이가 허례虛禮를 창안하기 전에는 기제忌祭, 묘제墓祭, 사시제四時祭가 없었다. 정이는 도에 어두우면서 명성을 구하는 덕혜술지德惠術知의 중사이다. 소동파가 유배에서 잠시 돌아왔을 때, 정이가 사변궁리思辨窮理로써 경經을 주해註解하고, 허례허식虛禮虛飾으로 행하는 것을 보고 "공자의 도는 그런 것이 아닐세!"라 소동파가 조언하였는데 정이가 싫어하였다.

이런 연유로 촉학파蜀學派와 낙학파派洛學가 오래토록 서로 마주보게 된 것이다. 이런 때, 소동파는 도연명의 소박素朴과 해맑은 사상을 엿보며, 도연명을 불러내어 대화를 나눈다.

"처지는 이러하나 그대가 나의 전세일세! 옛집에 찾아드니, 온갖 나뭇잎이 사각이며 놀래는구나!"

이는 소동파만의 경지요, 소회素懷일 것이다. 만약 정념이 없는 이가 세월을 꿰어보고 방외方外에 소요하며 허공과 벗하는데, 세속의 벗과 더불어 경구經句와 범절凡節의 본말本末과 세주世主를 논함에 억견이 섞이면 무어라할 것인가?

다만 뒤로 물러서서 바라보거나, 고요한 때를 기다려 그러하지 아니하다고 일러줄 뿐이리라. 아! 그 사람이 아니면 말해줄 수 없고, 그 때가 아니면 마주하기 어려운 것이다.

三家說 삼가설

孔老異門 공노이문
儒釋分宮 유석분궁
又于其間 우우기간
禪律相攻 선율상공
我見大海 아견대해
有北南東 유북남동
江河雖殊 강하수수
其至則同 기지즉동

삼가설 三家說

공자孔子와 노자老子는 다른 문,
유가儒家와 불가佛家는 다른 집일세.
또한 그사이에
선禪과 율律이 서로 공격하네.
내가 큰 바다를 보노라니
북北과 남南과 동東이 있네.
강江과 하천河川이 비록 다르나
그 이르는 곳은 같도다.

某註

* 삼가三家: 유가儒家, 불가佛家, 도가道家.
* 삼가三家의 도道가 모두 일심一心을 가리키고 밝혀 범부에게 넓힌다. 일심一心은 진심眞心을 뜻한다. 밝은이는 망심妄心은 본시 환幻이므로 양심兩心이라 아니하고, 일심一心이라 하는 것이다.

소식상시 15.

虛空 허공

百年六十化 백년육십화
念念竟非是 념념경비시
是身如虛空 시신여허공
誰受譽與毀 수수예여훼
得酒未擧杯 득주미거배
喪我固忘爾 상아고망이
倒床自甘寢 도상자감침
不擇菅與綺 불택관여기

某註

* 竟경: 다하다. 극에 이르다.

허공 虛空

백 년 가운데 육십년六十年이 사라졌는데
생각생각 다함이라, 필경畢竟에 옳지 않네라.
내가 허공虛空이어늘
누가 칭찬稱讚과 비방誹謗을 받는가?
술 가져와 술잔을 들기도 전에
내가 없고 그대도 없어라.
침상寢牀에 엎어져 달게 자나니
두데기든 명주든 가리지 않는다네.

▌某解

인생에 육십년이 사라졌다면 육십년은 어디로 간 것일까? 시절마다 생각 생각에 이러저러 하였음이라, 이러저러 인식하고 판단함은 필경에 옳음과 그름 어느 쪽인가?

나의 참모습은 허공이라, 허공에 어찌 세월이 머물 수 있으며, 허공에 어찌 칭찬과 비방이 붙으며, 허공에 어찌 시비是非와 선악善惡이 거처할 수 있겠는가? 허공은 모습 없고 아무 것도 없으나 만유를 나투고 만상을 포용한다. 나투고 포용包容하나 나투고 포용함에 속하지 아니하는 것은 허공은 공공空空하기 때문이다. 허공虛空이 공공空空하기에 내가 공공空空한 것이다. 이러히 설명해도 꼭 맞은 설명이 될 수 없는 것은 참나는 모습 없이 현묘玄妙하여, 함이 없이 영지靈知를 나투는 청정광명清淨光明이기 때문이다. 동파가 읊는다.

술 가져와 술잔을 들기도 전에
내가 없고 그대도 없어라.
침상寢牀에 엎어져 달게 자나니
두데기든 비단이든 가리지 않는다네.

참나는 진공묘유眞空妙有일 따름이다. 진공眞空은 모습 없음을 가리키고, 묘유妙有는 무시상재無始常在함을 이른다.

泛影 범영

畵船俯明鏡 화선부명경
笑問汝爲誰 소문여위수
忽然生鱗甲 홀연생린갑
亂我須如眉 난아수여미
散爲百東坡 산위백동파
頃刻復在玆 경각복재자

某註

* 俯부: 구부리다.
* 鱗린: 비늘.
* 甲갑: 껍질. 조가비.
* 須수: 수염.
* 眉미: 눈썹.
* 頃刻경각: 찰나.
* 玆자: 더욱. 본래.

범영 泛影

화선畵船 타고 구부려 명경明鏡같은 물을 보나니
그림자에게 웃으며 너는 누구냐? 고 물어본다.
갑자기 비늘 껍질 같은 파문이 이니
내 얼굴의 수염과 눈썹이 일렁거린다.
흩어져 백 개의 동파가 되더니
금방頃刻 다시 본래本來로 돌아오누나.

某註

* 왕유王維와 동파東坡가 한 허공虛空에 나타나다.
* 소문笑問, 백동파百東坡, 경각복頃刻復이 시요詩要이다.
* 인생에 정념情念이 주인노릇을 하면, 온갖 표정과 몸짓을 그려낸다. 그려진 표정과 몸짓은 허망하여 자취 없이 사라진다. 표정과 몸짓이 사라져 자취 없으면, 본래의 참모습이 나타난다. 백 개의 동파는 그림자요, 하나의 동파는 진면목眞面目이다. 봄을 묻는가? 버들은 푸르고, 꽃은 붉으니라.
* 상념想念이 흐트러졌는가? 정념情念을 쉬면, 금방 본래의 나로 돌아온다네. 다른 일은 없나니, 다만 정념情念을 쉴 뿐이라네.

소식상시 17.

拙修 졸수

貧家淨掃地 빈가정소지

貧女好梳頭 빈녀호소두

下士晩聞道 하사만문도

聊以拙自修 료이졸자수

某註

* 梳소: 빗. 머리를 빗다.
* 聊료: 즐기다. 힘입다. 귀가 울다.

졸수 拙修

가난한 집, 마당을 깨끗이 쓸고
가난한 아낙은 머리를 곱게 빗는다네.
하사下士가 늘그막에 도道를 배워
즐거이 졸박拙樸에 거居하여 삼매三昧에 드누나.

某註

* 마당에는 가난이 바람과 벗하고
아내는 단정히 素朴에 거처하네.
비록 拙士나 늘그막에 無情說을 배워
오직 三昧로써 즐거움 삼네.

무지하고 못나고 늙었어도
세상과 가난과 이름을 잊었나니.
집안에 좋은 일도 두지 않음은
일 없는 것과 같지 않은 까닭일세.

소식상시 18.

古月吟 고월음

雲山月明誰點綴 운산월명수점철
天容海色本澄淸 천용해색본징청
空餘魯叟乘桴意 공여노수승부의
粗識軒轅奏樂聲 조식헌원주락성

某註

※ **魯叟**노수: 공자孔子.

※ **乘桴**승부: 논어에, 공자의 말을 알아듣는 이 없어, 공자가 '바다 건너 순임금의 후예(신라의 소호 김천씨 후손을 지칭하는 듯)를 만나볼까?'라 한 탄식.

※ **粗識**조식: 거칠게 이해하다. 본지本旨를 대략 알다.

※ **軒轅**헌원: 중국문화의 초조初祖.

※ **奏樂**주락: 성인聖人의 자연음악自然音樂 연주함. 여기서 자연 음악自然音樂이라함은 칠정七情에 물듦이 없는 순수한 자연의 소리, 있는 그대로를 읊은 음악을 의미한다.

고월음 古月吟

구름 흩어지고 달 밝음은 누가 고쳐 기웠는가?

허공虛空과 바다 빛은 본래 맑고 맑은 것이라.

공자가 공연空然히 뗏목타고 떠나려한 뜻 알겠거니와,

황제헌원씨黃帝軒轅氏 자연음악自然音樂의 깊은 뜻을 대략 합하겠도다.

某註

* 제일구, 구름 흩어지고 달 밝음은 누가 고쳐 기웠는가? -는 범부가 정념으로 세상과 우주를 관하는 것을 지적한다.
* 제이구, 허공과 바다 빛의 맑음이 본래 그러하듯, 사람의 성性도 본래 해맑음이 불변부동不變不動함을 보이다.
* 제삼구, 공자의 답답한 심경을 알겠다고 한다.
* 제사구, 황제의 가르침은 염담허무恬憺虛無한 진성眞性이 장덕부지藏德不止함에 있을 뿐이라 한다. 이는 진심眞心이 공적空寂하며 영지靈知하여, 부단不斷하며 불멸不滅이라 하는 것이다.

강절선생 초선상시 십오수

소옹上詩

초선상시서 艸僊上詩序

소옹강절(邵雍康節, 1011~1077)은 선가禪家와 도가道家에 물들지 않은 유자儒者라 자처하며 독서정좌讀書靜坐하였다. 소강절의 개오송開悟頌 다섯 수首 중의 한 수首를 본다.

月出松梢處　달이 소나무 가지에 걸리고,
風來蘋末時　바람이 물풀 위에 부는구나.
林間此光景　숲 사이 펼쳐진 이 풍광風光,
能有幾人知　누가 있어 이 해맑은 기미幾微를 알 것인가?

소강절의 시, 여러 곳에 무현금無玄琴 등의 선음禪音을 빌린 자취가 보인다. 뒷날 노성老成하여 태평가太平歌 읊기를 즐겨하였으며, 허공虛空을 여러 수 읊었는데, 견처見處가 밝다.

"무사無事에 나아간 뒤 공부工夫에 애쓰지 않으련다."

이 구句는 경지境地가 두텁다. 소강절의 이름은 옹雍, 자는 요부堯夫, 시호諡號는 강절康節, 북송사철北宋四哲의 한사람이다. 북해北海 이지재李之才에게 하도낙서河圖洛書를 배웠다. 저서는 황극경세서皇極經世書 등이 있으며, 일생을 벼슬을 멀리하여 낙양의 변두리 강촌에 은거하였으며, 무사자오無師自悟하여 사무사思無邪의 이理

를 행하였다. 소강절의 주설은 오직 진심현전眞心現前이며, 세상을 향한 목소리는 본래태평本來太平의 태평가이다.

소옹상시 1.

黃金吟 황금음

身上有黃金　신상유황금
人無走陸沈　인무주륙심
求時未必見　구시미필견
得處不因尋　득처불인심
辯捷非通物　변첩비통물
函容是了心　함용시료심
會彈無絃琴　회탄무현금
然後能知音　연후능지음

某註

* 陸륙: 뭍.
* 捷첩: 이길.
* 函함: 함.
* 函容함용: 칠정七情 없음.
* 無絃琴무현금: 진심眞心의 이명異名.
* 知音지음: 천청天聽의 뜻.

황금음 黃金吟

사람의 몸 가운데 황금眞心이 있거늘
찾지도 않고서 없다고 하는구나.
구求하려 하면 보지 못할 것이요
황금眞心을 얻음에 찾음을 인因하지 아니하네!
생각으로 헤아리면 (眞心에) 통通하지 못할세라
칠정七情이 쉬면, 진심眞心을 깨달아지니라.
줄 없는 거문고無絃琴를 연주할 줄 알면
비로소 허공 소리眞心聲를 듣게 되노라.

某解

황금이란 사람의 참마음 즉 진심眞心을 뜻한다. 요순堯舜이 도심道心을 가리키고, 공자孔子가 사무사思無邪라 일렀으며, 맹자孟子가 구방심론救放心論을 말한 것이 모두 망심을 쉬어 진심을 밝히라는 가르침이다. 그러나 사람들이 정념의 오욕五慾에 물든 지 오래라, 애증愛憎과 탐욕貪慾을 본래의 인심人心으로 알고, 그 어두움에서 벗어나야 하는 줄 알지 못하는 것이다. 그런 까닭에 도道를 따르는 이가 드물다.

도를 배우고 밝히는 데에는 기연機緣이 따른다. 그 사람이라야 그 스승을 만나고, 그 때를 맞아 그 참 마음 즉 진심을 밝히는 기연機緣이 열리는 것이다.

소강절은 흉중에 숙세의 묵은 구도심이 있는지라, 선어록禪語錄을 읽는 것으로써 벗 삼아 홀로 선정禪定에 자주 들더니 홀연欻然히 개오開悟 하였다. 소강절이 선사禪師에 기대어 배우지 않고 무사자오無師自悟하였다고 술한다.

그러나 그의 글에는 조당집祖堂集, 신심명信心銘, 증도가證道歌를 독서讀書한 흔적이 뚜렷하다. 황금음黃金吟의 기구起句, 승구承句, 전구轉句, 결구結句를 차례로 살펴본다.

사람의 몸 가운데 황금眞心이 있거늘
찾지도 않고서 없다고 하는구나.

기구起句는 사람마다 진심이 스스로 갖추어 있으나 범부가 스스로 알지 못함을 이른다. 곧 계사繫辭의 백성일용이부지百姓日用而不知와 열반경의 일체중생실유불성一切衆生悉有佛性을 말하는 것이다. 또한 범부가 진심을 찾아보는 노력도 아니함을 나무란다.

구求하려 하면 보지 못할 것이요
황금眞心을 얻음에 찾음을 인因하지 아니하네!

승구承句는 관심법觀心法의 요를 말한다. 진심이 망심과 처소와 체體를 달리하지 아니함을 이른다. 진심은 보고見, 들으며聞, 미迷하고, 오悟하는 당체라, 구하려는 마음을 일으켜 따라가면 보지 못한다는 뜻이다. 단경壇經에 망심이 곧 보리니라(妄心是菩提)함이 관심법의 요이다.

생각으로 헤아리면 (眞心에) 통通하지 못할세라
칠정七情이 쉬면, 진심眞心을 깨달아 지니라.

전구轉句는 문득 진심을 만나 계합하려면, 정념의 생각이 단멸해야 함을 말한다. 오직 정념을 버리고(捨), 쉬어(休), 정념이 본래 없음本無을 확인하면 진심이 드러나서 깨닫게 되는 법을 보인다.

줄 없는 거문고無絃琴를 연주할 줄 알면
비로소 허공 소리眞心聲를 듣게 되노라.

결구結句에 무현금無絃琴을 이른다. 무현금이란 선가禪家에서 무상심체無相心體를 가리키는 별어로써 진심의 다른 이름이다. 무현금이란 줄 없는 거문고이니, 몸과 의식에 의지함이 없이 무시무종無始無終으로 나투는 진심의 대기묘용大機妙用을 뜻한다. 간결히 무현금이라 함으로써 잡다한 헤아림을 끊은 것이다.

진심은 글로 다 설명할 수 없고, 말로 다 그릴 수 없는 까닭에 무현금이라 하였으나 이미 군말로써 설명하였기에 본의를 훼손함이 있다고 하겠다.

무현금을 칠정에 머무름 없이 연주할 줄 알아야 비로소 도를 안다고 할 수 있고, 진심을 올곧게 드러낼 수 있으며, 성현의 자취를 따를 수 있는 것이다. 그러하더라도 이는 방외方外의 도에 입문한 것이라 전성과 어깨를 나란히 함이 아니다.

개오開悟란 진심의 허공성虛空性과 무성무취無聲無臭함을 자득한 것일 따름이다. 개오開悟 연후에 방외方外의 대적무위공부大寂無爲工夫가 있는 것이다. 소강절이 개오開悟의 홍취를 읊은 것이다.

소옹상시 2.

得一吟 득일음

天自得一天無旣 천자득일천무기

我一自天而後至 아일자천이후지

唯天與一無兩般 유천여일무량반

我亦何嘗與天異 아역하상여천이

某註

* 旣기: 원래, 처음부터.
* 嘗상: 일찍이.
* 般반: 옮기다.

득일음 得一吟

천天은 하나의 도道, 천天에는 아무것도 없네!
나는 하나의 천天, 억지로 천天이라 이름붙이노라.
오직 천天은 하나라, 둘로 나눌 것 없나니,
내가 어찌 천天과 더불어 다름이 있으리오!

某解

天은 원래 하나의 道, 天에는 七情이 없네!
나는 하나의 天, 억지로 天이라 이름붙이노라.
오직 天은 하나, 人心 道心 둘로 나눌 것 없나니,
내가 어찌 天과 더불어 다름이 있겠는가.

소강절은 하나의 도를 말한다. 내가 곧 천天이요, 천天이 곧 도라고 한다. 도라는 이름도 부득이하여 억지로 붙인 이름 즉 강명强名이라 하고, 요순堯舜이 인심人心과 도심道心으로 나누어 도를 잘 설명한 것도 부질없이 나누어 설명한 것이라 한다.

소강절이 적연부동寂然不動의 경지를 엿보아 읊은 시라 하겠다. 천天은 조물자造物者를 이른 것이니, 스스로 천天이라 함은 내가 곧 조물자造物者라 선언한 것이다.

자득自得의 미味가 있은 연후에, 스스로 청정광명淸淨光明이 장덕부지藏德不止하여, 이러히 읊을 수 있는 것이다.

소옹상시 3.

天心 천심

月到天心處 월도천심처

風來水面時 풍래수면시

一般淸意味 일반청의미

料得少人知 요득소인지

천심 天心

천심道心에 달이 비치고
바람이 물위를 지남이라
일상日常 가운데 해맑은 뜻일세!
이 도리道理를 아는 이, 몇몇 일런고?

某解

천심天心이란 진심 즉 참마음이다. 서경書經에는 도심道心, 중용中庸에는 천명天命, 상천上天, 명덕明德으로 표현하고, 열자列子는 천군天君이라 한다. 모두 진심을 가리키는 표현이다. 소강절은 천심天心이라 한 것이다. 천심天心을 풀어 읽는다.

정념情念 사라진 진심眞心에 달이 비치고
바람이 물위를 지남이라. (無情을 보이누나!)

이 구는 소강절의 개오처開悟處이다. 소강절이 본래무정本來無情의 도리를 알았음을 환희하며 읊었다. 어찌하여 환희라 하는가? 평생을 칠정에 갇혀 살다가 홀연히 정념이 몽환夢幻이었음을 깨쳐 확인하였으므로 큰 기쁨이 되는 것이다.

그러나 되돌아 환희歡喜를 잊어야 한다. 개오開悟의 기쁨에 머물면, 그 기쁨은 정념情念의 잔영殘影이라, 공부가 퇴보하게 되는 것이다.

그러므로 고인이 깨침의 자취도 온전히 쉬고 적연무위寂然無爲에 소요해야 도를 즐기는 이라 할 수 있다고 하였다. 개오開悟의 기쁨이 그쳐야 이순耳順의 경지에 나아갈 수 있는 것이다.

대저 정념의 어지러움이 그치매, 진심에 정념의 방해가 없으므로 달이 진심에 함이 없이 비치고, 진심은 있는 그대로 달을 맞이하는 것이다. 이는 현인賢人의 경지라 범부의 헤아림으로 알 수 없는 것이다.

강절의 시 천심天心은 고문진보古文眞寶에 실려 널리 알려졌으나, 진의眞意를 아는 이가 드문 것은, 그 사람이 아니기 때문이다. 그 사람이라야 그 경지를 알 수 있는 까닭에 아래와 같이 읊는 것이다.

일용행사日用行事 가운데 해맑음이 드러남일세.
생각건대, 이 도리道理를 아는 이, 몇몇 일런가!

소옹상시 4.

病亟吟 병극음

生干太平世 생간태평세
長干太平世 장간태평세
老干太平世 노간태평세
死干太平世 사간태평세
客問年幾何 객문년기하
六十有七歲 육십유칠세
仰俯天地間 앙부천지간
浩然無所愧 호연무소괴

某註

* **干**간: 범하다. 어조사.
* **皓然**호연: 모습 없는 참마음의 형용.

병극음 病亟吟

태평太平한 세상世上에 태어나
태평太平한 세상世上에서 자라
태평太平한 세상世上에서 늙어
태평太平한 세상世上에서 죽는구나!
객客이 묻기를 금년今年에 몇 세歲시오?
육십六十하고도 칠년七年이라오.
하늘과 땅에 우러르고 굽어보아
참마음眞心에 부끄럽지 아니하도다.

某解

범부의 세상에는 명예와 탐욕과 사랑하고 미워함이 교대로 나타나서 사람의 심사를 어지럽혀 우수憂愁에 젖게 하지만, 방외方外의 세계에는 정념이 없는 까닭에 지음 우수憂愁가 없다. 우수가 없는 세상을 태평세太平世라 한다. 논어에 "군자는 근심 없고 두려움 없다.(君子는 不憂不懼니라)"라 함이 군자는 태평한 세상에서 본래 평등平等을 함이 없이 나툰다는 뜻이다. 태평세太平世는 항상하게 나타나 있으나 범부가 스스로 보지 못하는 것이다. 소강절이 태평세太平世를 즐거워하며 읊는다.

태평太平한 세상世上에 태어나

태평太平한 세상世上에서 자라
태평太平한 세상世上에서 늙어
태평太平한 세상世上에서 죽는구나!
객客이 묻기를 금년今年에 몇 세歲시오?
육십六十하고도 칠년七年이라오.
하늘과 땅에 우러르고 굽어보아
참마음眞心에 부끄럽지 아니하도다.

뒷날의 박태평朴太平이 읊는다.

太平太平又太平	태평하고 태평하나니
天下泰平朴太平	천하태평 박태평이라,
太平不平本太平	태평과 不平이 본래 태평이니라.

소옹상시 5.

晩步吟 만보음

晩步上陽場 만보상양장
手攜筇竹枝 수휴공적지
靜隨芳草去 정수방초거
閑逐野雲歸 한축야운귀
月出松梢處 월출송초처
風來蘋末時 풍래빈말시
林間此光景 임간차광경
能有幾人知 능유기인지

某註

* 攜휴: 끌.
* 筇공: 내 이름.
* 逐축: 쫓을.
* 梢초: 나뭇가지.
* 蘋빈: 네가래.

만보음 晩步吟

해질녘 남은 볕 따라 뚝 길을 걷는다네.
대竹가지를 지팡이 삼아 끌면서.
고요히 풀꽃 길을 따라,
한가히 걷다가 들 구름을 보며 돌아오네.
달이 소나무 가지에 걸리고,
바람이 물풀 위에 부는구나.
숲 사이 펼쳐진 이 풍광風光,
누가 있어 이 해맑은 기미幾微를 알 것인가?

某解

만보음晩步吟은 천심天心과 시취詩趣가 다르지 않다. 그러나 만보음晩步吟이 천심天心보다 더 원숙미圓熟美를 보이는 것은 세월이 지나매 환희歡喜의 그림자가 점차漸次로 사라지기 때문이다. 비교해서 본다.

만보음 晩步吟
月出松梢處　달이 소나무 가지에 걸리고,
風來蘋末時　바람이 물풀 위에 부는구나.
林間此光景　숲 사이 펼쳐진 이 풍광風光,
能有幾人知　누가 있어 이 해맑은 기미幾微를 알 것인가?

천심 天心

月到天心處　천심道心에 달이 비치고
風來水面時　바람이 물위를 지남이라
一般淸意味　일상日常 가운데 해맑은 뜻일세!
料得少人知　이 도리道理를 아는 이, 몇몇 일런고? *

두 시詩의 미묘微妙한 사이의 해의解義는 읽는 이의 몫일지라, 군말을 거둔다.

天意吟 천의음

人能言語自能窺 인능언어자능규
天意無言人莫欺 천의무언인막기
莫道無言便無事 막도무언변무사
殆非流俗所能知 태비류속소능지

某註

* 人인: 범부.
* 天천: 진심眞心.
* 便변: 문득.

천의음 天意吟

사람들은 언어言語로써 서로를 엿보지만
상천上天은 무언無言하나니 사람을 속이지 않노라.
문득 무사無事하여 무언無言이라고 말하지 말라!
세속世俗의 지혜로 알 수 있는 경지가 아닐러라.

某註

* 소강절이 진심의 경지는 세속의 정념으로 헤아릴 수 없다는 이치를 읊었다.
* 동념즉괴動念則乖란 진심을 구하는 공부에, 한 가닥의 정념이 밖을 향하면 선정禪定의 정심正心을 잃은 것이다. 그러므로 고인이 생각이 움직이면 공부를 그르친다고 이르는 것이다.
* 이환즉진離幻則眞란 정념의 실체는 몽환이다. 정념을 여의면 곧 진심이 드러나는 것이다. 이 도리가 상선上善의 길이다. 여기서 머뭇거리면 상신실명傷神失命에서 벗어나기 어렵다.
* 염기즉각念起卽覺이란 생각이 일어날 때, 생각하는 당체를 보아야 선성先聖의 도에 합하는 것이다. 이 봄을 선가禪家는 견성見性이라 하고, 유가儒家는 명성明性이라 한다.

擊壤詩 격양시

富貴如將智力求 부귀여장지력구
仲尼年少合封侯 중니년소합봉후
世人不解青天意 세인부해청천의
空使身心半夜愁 공사신심반야수

某註

* **擊**격: 부딪히다.
* **壤**양: 흙.
* **愁**수: 시름, 벼슬욕.
* **仲尼**: 공자孔子.
* **青天意**: 천도天道.

격양시 擊壤詩

부귀富貴를 지혜智慧로 얻는다면
중니仲尼는 소년에 제후諸侯가 되었으리.
세인世人은 푸른 허공의 본의本意를 알지 못해
공연히 수고로이 반밤半夜을 시름으로 지새누나.

某註

* 상선의 공부인은 오직 밝은 지혜만을 구한다. 부귀와 명예와 오욕을 멀리하고, 소박한 삶을 지키며, 진심을 밝힘에 전력을 다하는 것이다. 소강절이 그러하였다. 사람들이 도연명을 부르며 노래하는 것도, 소박에 거처하여 도를 구하는 도연명의 모습이 하 해맑아 아름답게 여기기 때문이다.

소옹상시 8.

探春吟 탐춘음

草色依稀綠 초색의희록
華梢隱約紅 화초은약홍
一般難道說 일반난도설
如醉在心中 여취재심중

某註

* 梢초: 나뭇가지.
* 隱은: 숨길.
* 醉취: 취할.
* 一般일반: 평상平常의 도道.

탐춘음 探春吟

풀빛은 연한 녹색綠色에 기대고
꽃잎은 숨은 듯 붉은 빛깔을 약속하네.
평상平常의 도道는 말로 드러내기 어렵나니
술에 취한 듯 마음속에 둔다네.

某註

* 一般難道說: 평상의 도道는 말로 드러내기 어렵다. 진심은 모습이 없고 세속의 칠정 밖에 있기 때문이다.
* 一般일반: 평상의 도. 선가의 '평상심이 도'라는 말과 통한다.
* 如醉在心中: 술에 취한 듯 마음속에 둔다. 진심이 목전에 역력하나 진심은 모습을 여의고 칠정이 사라진 자리라, 입을 열어 설명하고자하면 그르치는 것이다. 그러기에 취한 듯 마음속에 둔다고 하는 것이다.

疾革吟 질혁음

有命更危亦不死 유명경위역불사
無命極醫亦無効 무명극의역무효
唯將以命聽於天 유장이명청어천
此外誰能閑計較 차외수능한계교

질혁음 疾革吟

천명天命이 있다면 위독해도 죽지 않을 것이요.
천명天命이 없다면 명의名醫가 와도 소용이 없으리.
이제 천명天命을 허공으로부터 들으려하나니
이 밖에 누가 한가로이 계교計較를 부리겠는가.

某註

* 이 시에서 천명天命은 사람의 수명을 의미한다. 수명에는 방내方內의 수와 방외方外의 수가 있다.
* 천명天命이란 진심이다. 천명은 사이불망死而不亡이다. 즉 몸은 때가 되면 흩어지나 진심은 불가불손不加不損이요, 불생불멸不生不滅이다. 범부가 미혹하여 알지 못할 따름이다. 이 문제는 토론의 대상이 아니다. 만약 알지 못한다면 성인의 말씀을 믿을 일이다. 범부가 믿고 이해하지 못하므로 죽음의 공포에서 벗어나지 못하는 것이다.
* 노자老子에 道法自然 즉 도는 스스로 그러함을 본받는다고 하였다. 소강절은 다만 '스스로 그러함'을 따를 줄 아는 것을 드러내어 읊은 것이다.

소옹상시 10.

秋望吟 추망음

草色連雲色 초색연운색
山光接水光 산광접수광
危樓一百尺 위루일백척
旅雁兩三行 여안양삼행

추망음 秋望吟

풀빛은 구름 빛에 이어지고
산 빛은 물빛에 닿았네.
위태로운 누각樓閣은 높이가 일백 척尺
기러기 두, 세 마리 허공虛空을 나는구나.

安樂吟 안락음

安樂先生不顯姓氏　　안락선생불현성씨
垂三十年居洛之涘　　수삼십년거락지사
風月情懷江湖性氣　　풍월정회강호성기
色斯其擧翔而後至　　색사기거상이후지

無賤無貧無富無貴　　무천무빈무부무귀
無將無迎無拘無忌　　무장무영무구무기
窘未嘗憂飮不至醉　　군미상우음불지취
收天下春歸之肝肺　　수천하춘귀지간폐

盆池資吟瓮牖薦睡　　분지자음옹유천수
小車賞心大筆快志　　소차상심대필쾌지
或戴接䍦或著半臂　　혹대접리혹저반비
或坐林間或行水際　　혹좌림간혹행수제

樂見善人樂聞善事　　낙견선인낙문선사
樂道善言樂行善意　　낙도선언낙행선의
聞人之惡若負芒刺　　문인지악약부망자
聞人之善如佩蘭蕙　　문인지선여패난혜

不佞禪伯不諛方士　불녕선백불유방사
不出戶庭直際天地　불출호정직제천지
三軍莫凌萬種莫致　삼군막릉만종막치
爲快活人六十五歲　위쾌활인육십오세

某註

* 涘사: 물가.
* 翔상: 빙빙 돌아날.
* 瓮옹: 독
* 牖유: 남창, 들창.
* 瓮牖옹유: 항창의 작은 움집.
* 戴대: 이다.
* 半蠻반만: 남쪽 오랑캐의 반팔 옷.
* 臂비: 팔
* 옹창가: 옹기로 창문을 삼은 소강절의 초가.
* 蘭慧者 香艸: 가시와 蘭蕙, 다 錯妄이다.
* 薦천: 추천할
* 戴대: 일
* 籬리: 울타리
* 佞녕: 아첨할
* 諛유: 아첨할
* 芒망: 가시
* 凌릉: 달릴

안락음 安樂吟

安樂先生 姓氏를 드러내지 않고
삼십년을 洛水에 기대 살았네.
바람과 달을 벗 삼는, 강호의 性氣라
이러이 모습하고 鵬鳥되어 虛空을 벗하네.
빈천과 부귀가 붙지 아니하나니
보내고 맞이할 情이 없고, 屬忌의 妄着도 없다네.
窘塞하나 걱정 없고 술 마시나 醉하지 않나니
천하의 봄기운을 가슴에 거두었어라.

작은 연못에서 읊고, 瓮窓가에서 잠을 청하네.
작은 수레타고 遊四時하고, 快意를 큰 글씨에 담는다.
頭巾을 쓰거나, 반팔 옷 입기도 하며
혹 숲 속에 앉으며, 혹 물가를 거닐었네.

善한 이 보기를 즐기며 善한 일 듣기 즐기고
善한 말 즐기며 善한 뜻 행하기를 즐긴다네.
남의 惡行을 들으면 가시덤불 진 것 같고
남의 善함을 들으면 蘭草를 지닌 것 같네.
禪師에 기대지 않고 道師에 굽히지 않노니,
大門을 나서지 않아도 하늘 땅이 그윽하다네.

三軍의 威勢와 萬金의 俸祿으로도 이를 수 없나니
快하고 快活한 사람이라, 육십오세라네.

某解

안락음安樂吟은 소강절이 65년의 인생을 회고하며 스스로의 삶과 공부경지를 드러낸 것이다. 소강절은 무사자한無師自閑 한 중현中賢이다. 성性을 깨치어, 이름 없음無名에 거처한다.

장자의 붕조鵬鳥에 합하여 허공을 벗하였으며, 칠정이 환幻인 줄 알아 망착을 두지 아니하는 것이다. 일상에 상하와 귀천의 분별이 없으며, 행에 칠정의 함이 없다. 지선至善을 향하며, 가난을 잊었으며, 쾌하여 상락하였던 것이다. 그러한 삶을 안락음安樂吟으로 읊은 것이다.

시에 무명無名, 위성爲性, 붕조鵬鳥, 허공虛空, 불낙부귀不落富貴, 무칠정無七情, 무망착無妄着, 무위無爲, 무위無位, 거지선居至善, 무사자오無師自悟, 빈이상쾌貧而常快, 쾌이상락快而常樂을 토吐하였다. 착비着比한다.

— 무명無名, 허공虛空
안락선생 姓氏를 드러내지 않고
삼십년을 洛水에 기대 살았네.
바람과 달을 벗 삼는, 江湖의 性氣라
이러이 모습하고 鵬鳥되어 虛空을 벗하네.

— 무칠정無七情, 무망착無妄着

貧賤과 富貴가 붙지 아니하나니
보내고 맞이할 칠정이 없고, 구속하고 꺼리는 망착도 없다네.
窘塞하나 걱정 없고 술 마시나 醉하지 않나니
천하의 봄기운을 가슴에 거두었어라.

— 무위無爲, 무위無位

연못에서 읊고, 瓮窓가에서 잠을 請하네.
작은 수레타고 四時 즐기고, 쾌한 뜻 큰 글씨에 담는다.
頭巾을 쓰거나, 반팔 옷 입기도 하며
혹 숲 속에 앉으며, 혹 물가를 거닐었네.

— 거지선居至善

善한 이 보기를 즐기며 善한 일 듣기 즐기고
善한 말 즐기며 善한 뜻 행하기를 즐긴다네.
남의 惡行을 들으면 가시덤불 진 것 같고
남의 善함을 들으면 蘭草를 지닌 것 같네.

— 빈이상쾌貧而常快, 쾌이상락快而常樂

禪師에 기대지 않고 道師에 굽히지 않노니,
大門을 나서지 않아도 하늘 땅이 그윽하다네.
三軍의 威勢로도 凌蔑 못하고 萬金俸祿으로도 이를 수 없나니
快하고 快活한 사람이라, 육십오세라네.

소옹상시 12.

月到梧桐上吟 월도오동상음

月到梧桐上 월도오동상
風來楊柳邊 풍래양유변
院深人復靜 원심인복정
此景共誰言 차경공수언

월도오동상음 月到梧桐上吟

달이 오동나무 위에 오르고

바람은 버드나무 가에 분다.

깊은 집에 사람도 고요하나니

이 풍광風光을 누구와 의론議論할까.

▌某註

* 소은小隱의 농부農夫, 소강절에게 사마광司馬光, 범중엄范仲淹, 왕안석王安石이 찾아와 담소하였으나 그 견처가 얕아 도반道伴이 되지 못했다. 정호程顥는 뜻이 통했으나 동림상총선사에게 의탁하여 발길이 끊어졌다. 정이程頤는 삼십년을 배웠으나 허례虛禮와 가상假象에 젖은 채, 소강절의 공부를 의심하여 스승으로 대하지 아니 하였다. 그러나 세정世情이 있는지라 정이가 소강절의 임종을 지켜보았다. 程頤는 劣根下士이다.

소옹상시 13.

安樂窩中吟 안락와중음

有主山河難占籍 유주산하난점적

無爭風月任收權 무쟁풍월임수권

閑吟閑詠人休問 한음한영인휴문

此箇工夫世不傳 차개공부세부전

안락와중음 安樂窩中吟

산과 강에 주인 있어도 땅문서 없고
바람과 달은 다툼 없어, 보는 사람이 주인일세.
한가롭고 한가롭게 읊나니, 속인俗人의 물음도 쉬누나.
이러한 공부는 세상에 전傳하지 않도다.

某註

* 無情을 깨쳐 無情으로 소요하는 공부를 末儒는 알지 못한다. 다만 禪家에서 直指人心 見性成佛이라 하며, 無念을 宗으로 삼는다. 程頤가 新儒學運動의 開祖라 일컬어지나, 孔子의 道를 배워도 宗을 알지 못해 眞心의 道를 비방하였던 것이다. 鈍根末儒는 배워도 등지는 까닭에, 소강절이 '閑暇롭고 閑暇롭게 읊나니, 俗人의 물음도 쉬누나. 이러한 工夫는 세상에 傳하지 않도다.' 하고 홀로 붓을 들어 읊은 것이다.

樂樂吟 낙락음

吾常好樂樂 오상호락락

所樂無害義 소락무해의

樂天四時好 낙천사시호

樂地百物備 낙지백물비

樂人有美行 낙인유미행

樂己能樂事 낙기능락사

此數樂之外 차수락지외

更樂微微醉 갱락미미취

낙낙음 樂樂吟

나는 언제나 즐겁고 즐거웁나니,
이 즐거움은 해로운 뜻이 없다네.
허공虛空의 즐거움이라 사시四時에 좋고
땅의 즐거움이라 만물萬物이 갖춰있네.

사람을 즐거워함이라, 아름다운 행行함이 있네.
나의 즐거움이라 능能히 일마다 즐겁도다.
이러한 즐거움 밖에 또 하나 즐거움 있으니
은미隱微하게 무위無爲에 취하는 즐거움일세.

某註

* 道를 아는 이는 虛空을 벗하여, 四時를 따르며, 萬物을 내 몸으로 여긴다. 幸福과 不幸이 침범하지 못하고, 모든 사람을 貴히 여기며, 일마다 즐겁게 여기지 아니함이 없다. 善을 행해도 善에 속하지 아니하고, 惡을 멀리해도 惡의 이름이 없으니, 隱微하게 無爲에 醉하는 즐거움이라 하는 것이다.

소옹상시 15.

月夜吟 월야음

雨霽風自好 우제풍자호

秋深天未寒 추심천미한

移床就堦下 이상취개하

看月出林端 간월출림단

某註

* 霽제: 개다 쾌청하다
* 堦계: 섬돌

월야음 月夜吟

비갠 뒤, 바람이 시원구나.
가을이 깊은데 아직 춥지 아니하네.
섬돌 아래로 평상平床을 옮겨
숲 너머 떠오르는 달을 바라본다.

某註

* 무정소요無情逍遙를 읊었다. 왕유의 풍취風趣가 묻어난다.

歡喜吟 환희음

始終無憂 시종무우
照臨之間 조림지간
予何人哉 여하인재
歡喜不已 환희불이

시작과 끝에 근심 없이
해와 달이 비추누나!
나는 어떤 사람인가?
환희가 그치지 않도다.

吾廬吟 오려음

遍地長芳草　　편지장방초
滿床堆亂書　　만상퇴란서
自從無事後　　자종무사후
更不著工夫　　갱불착공부

땅에는 향기로운 풀들이 그윽하고
책상 위에는 책들이 어지럽게 쌓였어라.
무사무위無事無爲의 경지에 이른 뒤에는
다시 工夫에 애쓰지 않으리다.

攝生吟 섭생음

心爲身之主　　심위신지주
志者氣之帥　　지자기지수
沉珠干深淵　　침주간심연
養自己天地　　양자기천지

마음은 몸의 主人이요
뜻은 氣를 다스리나니
깊은 못에 구슬을 빠뜨린 듯 고요하게
자신의 하늘과 땅을 길러야 하리.

別春吟 별춘음

必欲去心垢　　필욕거심구
須彈無絃琴　　수탄무현금
天外更無樂　　천외갱무락
胸中別有春　　흉중별유춘

마음의 때를 씻어 내려면
모름지기 줄 없는 거문고를 타야 한다네.
즐거움은 오직 이 허공(眞心) 밖에 없나니
허공 속에 따로이 春이 있도다.

重病吟 중병음

伏枕幾百日　　복침기백일
百療効無一　　백료효무일
以命聽干天　　이명청간천
於心何所失　　어심하소실

자리에 누워 百日이나 되었어라.
百藥이 無效하구나.
虛空의 命을 들어보나니
眞心에 어찌 잃은 바 있으랴.

燕堂卽事 연당즉사

川上數峰靑　　천상수봉청
林間一水明　　임간일수명
閑雲無定體　　한운무정체
幽鳥不知名　　유조부지명

냇물 위에 푸른 봉우리 서 있고
숲 사이로 맑은 물 흐르네.
구름은 한가로이 이리저리 오가고,
아득히 나는 새, 이름 몰라라.

觀物吟 관물음

既正方圓體　　기정방원체
還明動靜權　　환명동정권
靜久必成潤　　정구필성윤
動極遂成然　　동극수성연
水體以器受　　수체이기수
火用以薪傳　　화용이신전
體在天地後　　체재천지후
用起天地先　　용기천지선

본래 方正하고 두렷한 圓明體여!
動靜을 부리나 圓明에 되돌아가네.
고요함이 오래되면 潤澤함을 이루고
움직임이 지극하면 自然에 합하네.
물은 器(身)로 받아야하고
불은 땔김(無爲人用)으로 傳해야 하나니
그 體는 天地의 뒤에 있고
그 用은 天地의 앞에 있도다.

방외시 후기 方外詩 後記

世俗의 達士들은 陶淵明(365-427)을 향해 이러저러 浮語를 남긴다. 도연명을 피해서 詩趣와 詩人를 말할 수 없기 때문이리라. 白居易(772-846)는 “그대가 명예와 이득을 버리고, 산과 들에서 늙어 스러졌음을 그리노라.(慕君遺榮利 老死此丘園)”라 하였고, 歐陽脩(1007-1072)는 “晉나라에는 文章이 없고, 오직 도연명의 歸去來辭만이 있다.(晉無文章 唯陶淵明歸去來辭而已)” 하였다. 黃庭堅(1045-1105)은 “자로 재지 않고도 절로 自然의 道理에 합한다.(不煩繩墨而自合)”라 하였으며, 朱熹(1130-1200)는 “淵明詩의 平淡은 자연스러움에서 나타난 것.(淵明詩平淡 出於自然)”이라 하였다.

그러나 도연명의 詩와 見處에 대하여 杜甫(712-770)는 冷評을 한다. “도연명의 詩想은 素朴하나 俗氣에 거처하며, 죽음의 恐怖에서 벗어나지 못했다.”고 한다.

人生實難 死此之何? 嗚呼哀哉!
인생이 참으로 힘들었나니,
死後의 세상은 어떠할까? 슬프고 슬프도다!

도연명의 晩年句와 思想에 대한 素懷일 것이다. 방외의 詩客은 인생의 뿌리를 觀照하며, 死生의 밖을 읊는다. 亂世와 死生이 方外의

詩客을 어지럽히지 못하기 때문이다.

소동파(1036-1101)는 도연명이 자신의 前世라 하며, 貶謫時의 여가에 109편의 和陶詩를 지어, 홀로 옛 기억에 젖은 바 있으나 “도연명 시구 가운데 ‘採菊東籬下 悠然見南山’ 한 구만이 境과 意가 만난 것이라, 妙味가 볼만 하다. 그러나 도연명이 어찌 死生의 밖을 알았겠느냐?”고 하였다. 도연명의 雜詩抽抄를 본다.

採菊東籬下	채국동리하	동쪽 울타리 아래서菊花를 따다가
悠然見南山	유연견남산	悠然히 南山을 바라보네.
山氣日夕佳	산기일석가	山氣는 날 저물자 더욱 아름다운데
飛鳥相與還	비조상여환	나는 새들이 무리지어 돌아오누나.
此中有眞意	차중유진의	이 가운데 참된 뜻 있나니
欲辯已忘言	욕변이망언	무어라 하려다가 말을 잊었네.

소동파에 의하면 도연명은 “採菊東籬下 悠然見南山” 한마디의 絶句를 남긴 것이라 하겠다. 卓然知識과 淸貧과 方正을 갖추고, 文章이 뛰어난 達士라 하더라도 方外의 淸高消息을 알지 못하면 俗塵世才에 머무는 것을 어찌하랴!

方外詩란 세상 밖에서 인생을 粹然히 바라보며, 淸淨自明의 空寂靈知로써 함이 없이 天然을 나투는 것이다.

凡夫는 詩佛, 草僊, 破仙의 詩를 통해 方外의 대강을 夢遊할 수 있는 것이라 하겠다.

2018 正月 梵山 吅村에서

동파문론 東坡文論

1. 당송고사唐宋高士의 문론文論

대저 당송(唐宋)의 고사(高士)들이 이르는 문(文)이란, 뭇사람의 스승이 되는 지혜(智慧)와 안목과 지식을 아울러 갖춘 이의 문장(文章)을 의미한다. 그 덕목의 근본은 도(道)이다. 도(道)란 인간 존재의 본원(本源)을 가리키며 그 가르침은 공자(孔子)의 도(道), 노장(老莊)의 도(道), 불가(佛家)의 도(道)를 의미한다. 삼가(三家)의 도(道)의 내용은 인간의 마음이다. 마음을 유가(儒家)에서는 인심(人心)과 도심(道心)으로 설명하고, 불가(佛家)에서는 진심(眞心)과 망심(妄心)으로 가르친다.

마음의 본원(本源)을 밝히 알지 못하면, 시세(時世)의 탐욕과 편벽된 사상(思想)으로 부터 벗어나, 뭇사람의 스승이 되는 해맑은 덕목을 베풀기 어렵기 때문이다. 그러므로 도(道)에 바탕하여 그 지혜를 펴지 못하는 문장(文章)은 잡문(雜文)에 그친다고 할 것이다. 지금 세상과 다음 세상에도 이러한 이치(理致)는 변할 수 없다.

그러나 지금 세상의 문(文)은 속은 잡(雜)되면서 겉을 꾸미는 글과 치우친 사상(思想)의 노예 노릇하는 글과 신변(身邊)의 넋두리를 엮은 글과 감정의 파도 따라 춤추는 글들이 문학(文學)이란 이름으로 포장되어 나뒹군다.

예전의 고사(高士)들은 이런 이들을 호사가(好事家)라 불렀다. 대저 지도자(指導者), 교육자(敎育者), 산림청사(山林淸士) 등의 사상(思想)이 편벽하고, 문장(文章)이 도(道)에 어둡다면 세상의 등불이 되기 어렵다. 밝은 세상을 계발(啓發)하여 평등자애사상(平等慈愛思想)

과 인간존엄사상(人間尊嚴思想)을 문(文)에 담아 인생처처(人生處處)에 일반화(一般化)하려면 반드시 도(道)에 밝아야 할 것이다.

문장가(文章家)란 세상의 등불이 될 만한 자품(資品)을 갖추어야 한다. 옛 사람은 먼저 자품(資品)을 갖추고 문(文)에 나아갔기에 문(文)이 저절로 따랐던 것이다. 어느 세월이나 술사(術士)들의 정념(情念)과 서정(抒情)과 지식(知識)을 교묘히 버무린 문장(文章)이 세상에 유행하나, 그 졸렬(拙劣)함은 곧 드러나는 것이다. 대개의 글이 이러하기에 뜻 높은 문장가(文章家)들이 문(文)과 도(道)를 관계를 풀어 문장(文章)의 요목(要目)을 드러내어 이른다. 그들의 문론(文論)은 간단(簡單)하고 명료(明瞭)하다.

한퇴지(韓退之)의 공자(孔子)를 배우자는 고문운동(古文運動)이 그러하고, 유종원(柳宗元)이 명도(明道)를 주창함이 맑으며, 구양수(歐陽修)가 명도종문(明道從文)을 밝힘이 두렷하며, 소동파(蘇東坡)가 문필도구(文必道具)를 세움이 우뚝하다. 소동파(蘇東坡)는 도(道)가 없으면 문(文)이 잡(雜)스러워진다고 하였다. 잡문(雜文)은 문장(文章)이 아닌 것이다.

지금 세상의 문사(文士)들은 옛 문론(文論)을 거론하면 고루(固陋)하다며 외면한다. 그리고 인간은 감정의 자유가 있으며, 그 고유의 학습경험과 상상력과 감정의 연금술(鍊金術)의 고련지물(苦鍊之物)이 문학이라 한다. 그리고 문학의 분야와 갈래를 넓히고 한 구석의 장인(匠人)이 되고자 한다. 다만 그러하다. 이런 문사(文士)들이 스스로 세상의 반딧불이라 자처하는지라 문장(文章)이 천박(舛駁)에 거처하게 된 것이다. 당송(唐宋)의 대문장가(大文章家)가 문론(文論)의 대체(大體)를 가리킴을 본다.

□ 한유(韓愈, 768-824)가 말한다.

문이지도文以志道

도(道)에 뜻을 두어 문(文)으로 삼는다.

□ 유종원(柳宗元, 773-819)이 말한다.

문이명도文以明道

도(道)를 밝힘으로써 문(文)을 삼는다.

□ 구양수(歐陽脩, 1007-1072)가 말한다.

도승이문자지道勝而文自至

도(道)에 합하면 문(文)이 절로 이른다.

□ 소식(蘇軾, 1036-1101)이 말한다.

문필여도구文必與道具

문(文)은 반드시 도(道)와 더불어야 한다.

2. 동파문론 東坡文論

소동파(蘇東坡)에게는 청고(淸高)의 풍격(風格)과 도안(道眼)이 갖추어져 있어, 무시(無時)로 상외(象外)의 상(象)을 그려낸다. 그런 까닭에 소동파의 시를 태공풍격(太空風格)이라 하는 것이다. 소동파가 문장오론(文章五論)을 말한다. 그 오론(五論)을 본다.

□ 文必與道具也
문(文)은 반드시 도(道)와 더불어야 한다.

□ 文至眞卽正也
진(眞)에 즉(卽)해야 그 바름을 나타낼 수 있다.

□ 知依乎天理然後立文也
장주(莊周)의 의호천리(依乎天理)를 알아야 문(文)이 설 수 있다.

□ 作文者 必得一以後能成其文也 其一者意也
문(文)을 지음에 반드시 일(一)을 얻은 이후에 자기의 것으로 할 수 있다. 그 일(一)이란 의(意)이다.

□ 文章者 非爲善之 至於不爲然後安工巧也 山川草木之雲霧 花果者 自然也 爲無物而不可
문장(文章)이란 그렇게 하기 위함이 아니라, 그렇게 하지 않을 수 없게 된 뒤에 공교(工巧)해 지는 것이다. 산천초목의 구름, 안개, 꽃, 열매는 절로 드러난 것이니 그것이 없고자 해도 어찌 그렇게 될 수 있겠는가?

소동파의 문장오론(文章五論)을 푼다.

ㅁ 文必與道具라 함에는 '반드시'가 있다. 문장에 도심(道心)이 비치지 않으면 잡문(雜文)에 그친다는 것이다.

ㅁ 文至眞卽正이란 문장이 진(眞)에 즉(卽)해야 그 바름을 나타낼 수 있다고 하는 것이다. 진(眞)은 도심(道心)이다. 도심은 참마음(眞心)을 가리킨다.

ㅁ 知天理然後立文은 장주(莊周)의 의호천리(依乎天理)를 알아야 문(文)이 설 수 있다고 한다. 의호천리(依乎天理)란 천리(天理)에 계합(契合)하는 것이니 곧 천리를 본받는 것이다.

ㅁ 作文必得一然後能
문(文)을 지음에 반드시 의(意)를 얻어야 한다고 한다. 의(意)란 사무사(思無邪)의 의(意)요, 일이관지(一以貫之)의 일(一)이다. 그 일(一)을 자득한 이후에 자기의 바른 문장이 드러날 수 있다고 하는 것이다.

ㅁ 文章不爲然後工巧
문장(文章)이란 그렇게 하기 위함이 아니라, 그렇게 하지 않을 수 없게 된 뒤에 공교(工巧)해지는 것이다. 산천초목의 구름, 안개, 꽃, 열매는 절로 드러난 것이니 그것이 없고자 해도 어찌 그렇게 될 수 있겠는가?

위의 문장오론(文章五論)이 동파문론의 대요(大要)이다. 동파문론은 상사(上士)와 중사(中士)를 향한 말이다. 한유(韓愈)는 문장의 방향을 말했고, 유종원(柳宗元)은 문장의 길을 보였으며, 구양수(歐陽修)문장의 체(體)를 가리켰다. 소식(蘇軾)만이 자성(自性)의 실오(實悟)에 나아가 문장(文章)의 대기(大機)와 묘용(妙用)을 함께 드러내었다.

지금 세상에 문장으로 종유(從遊)하는 이는, 선철(先哲)의 표의(表意)를 흉중에 담아야 할 것이다. 한유(韓愈)가 '문장(文章)은 어렵고 쉽기보다는 오로지 옳아야 한다'라 한 것은 도심(道心)에 비추어 보아야한다는 뜻이요, 소동파가 '문(文)은 무엇을 표현할 것인가를 생각해야 한다'라 한 것은 그 무엇을 말하고자 함에 자기의 본원을 바탕하여 그 말이 바르게 될 것인가를 살펴본 이후에 작문(作文)하라는 뜻이다. 이것은 문장(文章)에 처음 나아간 이에게 고언(苦言)한 것이다. 또 소동파가 말한다.

"무릇 글을 짓게 되면 노경(老境)에 이르러 반드시 후회되는 바가 많게 된다."

소동파의 글에도 젊을 때와 노성(老成) 했을 때의 견해가 달라 진 곳이 더러 보인다. 젊어서 많은 글을 쓰게 되면, 반드시 스스로 부끄러이 여기게 되는 바가 많을 것이다. 글이란 스스로 밝아지고, 세월이 쌓인 연후에 청한(淸閑)히 나아가야 후회가 적은 것이다. 글이란 그 사람의 학식(學識)과 사상(思想)과 견처(見處)가 그 때의 관심처(關心處)를 따라 나타나는 것이다. 소동파의 50대에는 견처(見處)가 밝아, 유(儒) 불(佛) 도(道), 삼가(三家)의 종의(宗意)를 꿰어 말한다.

孔老異門	공자(孔子)와 노자(老子)는 다른 문,
儒釋分宮	유가(儒家)와 불가(佛家)는 다른 집이다.
又于其間	또한 그 사이에
禪律相攻	선(禪)과 율(律)이 서로 공격한다.
我見大海	내가 큰 바다를 보노라니
有北南東	북(北)과 남(南)과 동(東)이 있네.
江河雖殊	강(江)과 하천(河川)이 비록 다르나
其至則同	그 이르는 곳은 같도다.

유(儒) 불(佛) 도(道)가 하나의 근원(根源)이나, 근원에 이르는 방법이 다르다는 것이다. 하나는 마음이다. 동파는 일찍이 유가(儒家)와 도가(道家)에는 해통(解通)했으나, 불가(佛家)의 묘의(妙意)는 황주유배 시절에, 45세부터 5년의 간경(看經)과 망구묵좌(忘軀黙坐) 끝에 자득(自得)한다. 자득 연후에 유가, 도가의 종의(宗意)를 새로운 안목으로 꿰어 보게 되는 것이다. 유가(儒家)의 종의(宗意)는 무사(無思)요, 불가(佛家)의 종의는 무념(無念)이요, 도가(道家)의 종의는 무심(無心)이다. 무사(無思), 무념(無念), 무심(無心)이 어찌 다른 뜻이겠는가? 소작(小雀)들이 한 집에 붙어 벽을 세울 따름이다.

소동파는 사람에 상하(上下)를 두지 않았다. 발자국마다 무등사상

(無等思想)을 보여 세인(世人)이 싫어하지 않았다. 소동파가 향하는 세상살이는 만민과 평등(平等)하였으며, 만물과 한 몸이었던 것이다. 소동파는 사상(思想)과 행동(行動)과 문(文)이 일치하는 해맑은 선비이다. 소동파의 만년공부는 무심소요(無心逍遙)에 있다. 실심(實心)의 심처(深處)가 무심(無心)하여 문(文)이 저절로 따랐던 것이다.

세문(世文)의 호사가(好事家)들이 당송(唐宋)의 시 가운데 '日華川上動 風光艸際浮' 구절(句節)이 서정(抒情)의 기교(技巧)가 빼어났다고 평한다.

日華川上動　　햇빛은 강물 위에 흐르고
風光艸際浮　　풍광은 풀밭 위에 넘실거리네.

이 구(句)의 동(動)과 부(浮)가 묘미(妙味)라는 것이다. 그러나 이 구는 정념(情念)의 진로(塵勞)을 벗어나지 못했다. 이 구의 시격(詩格)은 두보(杜甫)의 청한(淸閑)을 만나지 못하고, 두보(712 -770)는 왕유(701-761)의 낙처(落處)를 알지 못한다. 세문가(世文家)들은 약간의 서정적 묘사에 들뜨는 것이다.

동파가 상사(上士)를 위해 말한다. "문장은 소기(小器)이다." 동파가 중사(中士)를 위해 말한다. "문장이란 순금(純金)과 미옥(美玉)과 같은 것이다.(文章如精金美玉)"

3. 동파의 독문讀聞

—경(經)과 논(論)을 읽으며, 고덕(古德)의 지혜(智慧)를 배우고, 악지악견(惡知惡見)을 버리다

소동파가 19세에 장자(莊子)를 읽고 '지금 莊子를 보고 나의 마음을 알았다.(今見莊子得吾心矣)'라 했다. 49세에 '계성산색(溪聲山色)'을 읊고, 50세에 무하유(無何有)를 읊는다. 50세가 되어서 비로소, 장자의 무하유(無何有)에 계합하여 장자의 마음과 하나가 됐던 것이다. 이전의 장자(莊子)에 대한 견해는 측지(測知)일 뿐이었다. 측지(側知)가 일어나고 31년 만에 장자(莊子)와 하나가 된 것이다. 비록 전세(前世)의 정련(精鍊)이 있었더라도 위도망구(爲道忘軀)하여 간경묵좌(看經默坐)에 전일(專一)하지 아니하면 진심(眞心)을 밝히기 어렵다는 것을 소동파를 통해서 알 수 있다고 하겠다. 황주 유배 초에 방에 이름을 붙였는데, 사무사재(思無邪齋)이다. 소동파가 말한다.

"공자 이르기를 '詩三百의 생각에 삿됨이 없다'라 하는데, 대저 생각이 있다는 것은 다 삿되다는 것이다. 선과 악이 한가지로 삿됨이 없다면 흙과 나무이다. 어찌하면 생각함이 있으면서도 삿된 생각이 없게 할 수 있으며, 생각함이 없으면서도 흙이나 나무가 아니게 할 수 있을까?"

孔子曰 詩三百思無邪 夫有思皆邪也 善惡同而無 邪則土木也 云 何能使有思而無思 無思而非土木乎

사무사(思無邪)는 공자의 종의(宗意)이다. 사무사(思無邪)는 생각에 정념(情念)이 없다는 뜻이다. 정념(情念)없이 생각하는 것이다. 정념(情念)이란 범부 감정 즉 마음의 총칭이다. 범부는 정념(情念)을 자신의 고유한 마음으로 삼는 것이다. 범부들은 어찌 생각에 정념(情念)이 없을 수 있는가? 정념(情念)도 본성(本性)이다 -라 하며 본성(本性)을 본연지성(本然之性)과 기질지성(氣質之性)으로 나눈다. 본성을 둘로 나눈 것이다. 공자의 일이관지(一以貫之)를 알지 못한 것이다. 공자의 도(道)는 사무사(思無邪)로 일이관지(一以貫之)하는 것이다.

공문(孔門)은 무사(無思)를 종지(宗旨)로 삼는다. 그러므로 사무사(思無邪)를 밝혀 알지 못하면 공자를 따르나 문 밖에 있는 자이다. 소동파의 사무사(思無邪)에 대한 의문은 45세에도 계속됐으나 49세에 사무사(思無邪)의 본의에 계합한다. 세상에 우뚝한 절세(絶世)의 고사(高士)가 45세에도 사무사(思無邪)의 본의를 알지 못해 고뇌하는 모습을 보인다. 소동파가 말한다.

> "불가(佛家)에 몸을 맡기면, 경전(經典)과 논(論)을 다 밝히어, 삿된 생각 없는 마음(無所邪心)으로 여래(如來)의 뜻에 합할 수 있을까? 지금까지 소득이 없으나, 반드시 자득하고자 한다."
>
> 託於佛僧之宇 盡發其書 以無所邪心會如來意 庶幾於無所得故而得者

소동파의 뜻이 불가경전을 모두 밝히는 데 있다고 한다. 독서(讀書)와 묵좌(黙坐)에 온 몸을 던진 것이다. 또 읊는다.

中年添聞道	中年에 들어 황공히도 道門에 들어
夢幻講已祥	情念夢幻說을 이미 자세히 들었으나
儲藥如丘山	약재(佛經)를 산더미처럼 쌓아 놓고
臨病更求方	病이 들면 또 處方을 찾는다.
仍將恩愛刃	여전히 恩惠와 사랑의 칼날로
割此衰老腸	이 老衰한 창자를 자르고 있구나.
知迷欲自反	돌이켜보아 迷惑하여 이런 줄 알겠거니
一慟送餘傷	한바탕 울고, 묵은 情念을 쉬고자 한다.

* 餘傷: 묵은 정념.

위의 시는 47세에 읊었다. 동파는 평생을 독서(讀書)하고 배우고 익히며 묵좌(默坐)하였다.

4. 동파의 묵좌정관 黙坐靜觀

ㅡ묵묵히 앉아, 고요히 관(觀)하다

소동파거사가 공부(工夫)에 막혀서 읊조린다.

“밤에 동파(東坡)에서 술을 마시니 깨어선 또 취하고, 취해선 또 깨었네. 돌아와 보니 밤은 삼경, 집 안에 아이, 코고는 소리는 우레 같은데, 문을 두드려도 답이 없네. 지팡이에 기대어 강물소리를 듣는다. 늘상 한스럽기는 이 몸이 내 소유 아닌 것. 언제 쯤음 번뇌로 허우적이는 것을 벗을까? 밤은 깊고 인적 드문데, 맑은 바람 불어 잔물결 무늬 평평하구나. 작은 배 타고 여기를 떠나, 산수(山水)에 거닐며 여생(餘生)을 보내는 것도 좋으리라.”

지팡이에 기대어 강물소리 듣는다. 묵좌(黙坐)에 힘쓰나 공부(工夫)가 뜻대로 되지 않는 것이다. 49세에 공부에 크게 나아감이 있었다. 5년을 한결같이 공부에 힘쓴 후, 득력(得力)하여 소동파가 이른다.

“황주성 남쪽에 정사(精舍)가 있는데 안국사(安國寺)라 한다. 울창한 숲과 우거진 대나무 속에 연못과 정자(亭子)가 있다. 하루 이틀 간격으로 찾아가 향(香)을 피우고 고요히 앉아 깊이 성찰(省察)하여, 사물과 내가 서로 잊어, 몸과 마음이 비었음을 알았다. 죄와 허물이 생겨난 곳을 구하려 해도 찾을 수가 없었다. 일념(一念)이 청정(淸淨)하니 오염된 인식(認識)이 절로 없어지고, 안팎으로 소연(消然)하여 능소(能所)가 없다. 홀로 슬며시 즐거워하며, 아침에 절에 가서 저녁에 돌아오는 것이 이제 5년이 되었다." 得城南精舍曰安國寺 有蕪林鬱竹陂池亭榭 間一二日 和焚香默坐深自省察 則物我相忘身心皆空 求罪垢所 從生而不可得 一念淸淨 染汚自落 表裏消然無所附麗 私竊樂之 旦往而暮還者 五年於此矣.

* 附麗(부려): 기대어 能(主)과 所(客)의 짝을 짓다. 범부는 망령된 아(妄我)로써 경계(境界)를 두므로 마음과 경계의 능소((主客)가 나는 것이다.

焚香默坐	향을 사르고 묵묵히 좌선(坐禪)하여
深自省察	스스로를 깊이 성찰(省察)하였네.
物我相忘	사물과 내가 서로 잊었거니
身心皆空	몸과 마음이 모두 비었어라.
一念淸淨	일념(一念)이 청정(淸淨)하니
汚染自落	오염된 인식(認識)이 절로 없어지고,
表裏消然	안팎으로 소연(消然)하여
無所附麗	능소(能所)짓는 바 없네.

5. 회광반조回光返照

— 돌이켜 비추어, 진심(眞心)에 계합(契合)하다

49세 1084년, 동림상총(東林常總)선사를 찾아뵙고, 무정설법(無情說法)을 듣는다. 다음 날 아침, 호계(虎溪)의 폭포소리를 듣자마자, 자성(自性)에 회광반조(回光返照)하여 개오(開悟)한다. 개오송(開悟頌)의 하나이다.

溪聲便是廣長舌　溪谷의 물소리는 佛의 항상한 說法이요.
山色豈非淸淨身　산빛이 어찌 淸淨法身이 아니리오.
夜來八萬四千偈　迷할제, 팔만사천 偈頌을 두나니
後日與何擧似人　뒷사람에게 이 消息을 어떻게 보일 것인가.

6. 자득自得

—진심(眞心)을 밝히다

동파가 읊는다.

浪蕊浮花不辨春	흔들리는 꽃술에 취해, 봄을 보지 못하고
歸來方識歲寒人	돌아와서 비로소 歲寒人(本來面目) 알았네.
回頭自笑風波地	생각하며 웃노라 風波 겪은 자리.
閉眼聊觀夢幻身	눈 감고 오롯이 夢幻身을 보나니.

* 夢幻身: 묵은 정념.

소동파가 51세에 본래면목(本來面目)을 밝혀 성성(惺惺)한 때의 송(頌)이다. 자득(自得)이란 진심(眞心)을 만나는 것이다. 그러나 허공이 허공을 만날 수 없듯, 진심이 진심을 만나는 이치가 있겠는가? 이 만남은 만남 아닌 만남이라 해 두자.

진심(眞心)을 만나면 망심이 본래 몽환(夢幻)인 줄 아는 것이다. 진심을 만난 이후에는 오직 성성(惺惺)에 거처해야 한다. 성성(惺惺)이 온전하여 망심(妄心)무생(無生)의 인(認)을 얻은 경지(境地)가 법운십지(法雲十地)이다.

7. 백념회냉百念灰冷

—온갖 심념(妄心)이 '찬 재'와 같이 되다

世事子如何	세상 일, 그대는 어떻게 보는가.
禪心久空寂	禪心은 영원히 空寂하다네.
世間出世間	世間이든 出世間이든
此道無兩得	이 道는 어느 쪽에도 屬하지 아니하네.
故應入枯槀	그런고로 응당 枯木처럼 情念을 쉬어서
習氣要除拂	情念의 버릇을 모다 떨어내야 한다네.

60세에 오자야(吳子野)에게 준 시(詩)이다. 죽은 나무(枯木)에는 생기(生氣)가 없다. 생기(生氣) 없는 나무는 다시 살아나지 못한다. 정념(情念)이 죽은 나무와 같이 살아날 수 없어야 공부가 온전한 것이다. 백념회냉(百念灰冷)은 온갖 심념(心念)이 찬 재와 같이 되는 것이니 같은 뜻이다. 정념(情念)을 즐거이 쓰면서 도(道)를 배운다는 것은 모래로써 밥을 지으려는 것과 같다.

8. 동파의 노정路程

소동파는 47세에 고승(高僧)과 교유하며 정념몽환설(情念夢幻說)의 정의(精義)를 배워 응심부동(凝心不動)에 든다. 48세에 해오(解悟)하여 적벽부(赤壁賦)와 비장성(枇杖聲)을 읊는다. 49세에 개오(開悟)하여 동림계성(東林溪聲)과 여산진면목(廬山眞面目)을 읊는다. 50세에 무하유(無何有)를 읊었다. 51세부터 66세 하세까지는 중은(中隱)의 선비로서 명철한 설리(說理)와 올올(兀兀)한 기상(氣象)을 나투었다.

소동파의 풍도(風道)는 장상영(張商英, 1043-1121)에게 영향을 주고, 황정견(黃庭堅, 1045-1105), 진관(秦觀, 1049-1100), 조보지(晁補之, 1053-1110), 장뢰(張耒, 1054-1114), 진사도(陳師道, 1053-1101) 등을 이끌었으며, 소철(蘇轍, 1039-1105), 문동(文同, 1018- 1079), 공문중(孔文仲), 왕진경(王晉卿), 이용민(李龍民), 미불(米芾, 1051-1107) 등이 따랐다. 세상에서는 이들을 촉학파(蜀學派)라 부른다. 촉학파는 유(儒)에 몸을 담았으나, 선(禪)을 존숭(尊崇)하여 공부하며 중은(中隱)혹은 소은(小隱)의 삶을 살았다. 소동파가 62세에 읊는다.

泥洹尚一路　　惺惺大寂 한 길만을 崇尚하나니
所向餘皆窮　　向하는 바에 오롯이 온 힘을 다한다네.

9. 선시절간 禪詩竊看

유정(有情)과 무정(無情)을 낙화(落花)와 유수(流水)에 빗대어, 어느 구건선객(垢愆禪客)이 읊었다.

落花有意隨流水　洛花는 有情으로 流水에 몸을 맡기나
流水無情送落花　流水는 無情으로 洛花를 보내누나.

정념몽환설(情念夢幻說)을 통해(通解)하여, 대(對)를 두어 잘 읊은 듯하다. 그러나 시(詩)에 생기(生氣)가 보이지 않는다. 낙화(洛花)와 유수(流水), 모두가 무정(無情)이라 해야 반(半)은 해의(解義)가 있다고 하겠다. 아래의 시(詩)는 대혜종고(大慧宗杲)선사가 읊었다.

落花片片隨流水　洛花는 점점히 流水에 몸을 맡기고
流水無心戀落花　流水는 無心으로 洛花를 좋아하누나.

이 시는 낙화(洛花)와 유수(流水)가 모두 무심(無心)이다. 묘의(妙意)는 유수(流水)가 무심(無心)으로 낙화(落花)를 좋아함에 있다. 무정(無情)과 무심(無心)은 같은 뜻이다. 아래는 소동파의 무정송조(無情送潮) 첫 구이다.

有情風萬里劵潮來　유정풍이 만리에 조수를 몰고 왔으나
無情送潮歸　무정(無情)으로 조수를 돌려 보내네.

落花有意隨流水는 소동파의 시를 흉내 낸 듯하나, 대기(大機)가 없으며 견처(見處)가 다르다. 동파시구는 도잠(陶潛)화상의 견처를 안타까이 여겨 힐책(詰責)하는 시이다. 대저 선시(禪詩)는 흉내 낼 수는 있으나, 견처가 없으면 묘의를 올곧게 드러낼 수 없다. 견처가 없으면서 선시(禪詩)를 지으려 애쓰는 이는 바르게 되기 어렵다. 소동파가 읊는다.

道喪士失己　道에 어두운 선비는, 眞我를 잃어
出語輒不情　말을 해도 道理에 어긋나네.
江左風流人　강남의 風流人
醉中亦求名　취중에도 명성을 구하누나.
淵明獨淸眞　淵明만이 홀로 맑고 참되어
談笑得此生　담소하며 이 生을 얻었구나.
身如受風竹　몸은 바람맞은 대(竹)와 같으나
菴冉衆葉驚　옛 집에 드니, 온갖 잎이 사각이며 놀래누나.

* 菴冉: 옛집(본래면목)에 나아가다.

옛 집은 진아(眞我)이다. 진아를 알지 못하고 도(道)를 말하면, 이름의 파도 따라 헤매게 되는 것이다. 소동파는 노년(老年)에 화도시(和陶詩) 136수를 지었는데, 동파만의 감회(感懷)가 있는 것이다. 여가에 전세의 자기와 대화한 것이다. 소동파는 도연명을 평하여 진아(眞我)를 알지 못해 사생(死生) 밖에서 초연(超然)하지 못하다고 하였다.

소동파는 '내가 곧 도연명이요, 도연명이 곧 나다.(我卽淵明 淵明卽

我)'라고 여러 번 말한다. 백낙천(白樂天)도 '도연명이 나의 전생이다.(淵明是吾前生)'라고 한다. 이로써 미루어 보건대 도연명(陶淵明), 백낙천(白樂天), 소동파(蘇東坡)는 같은 인물일 것이다. 도연명은 이름을 멀리하고 권력을 싫어하며 소박(素朴)에 거처하였다. 그의 시는 구름과 바람과 산기(山氣)와 노을을 벗하였다. 혜원대사(慧遠大師), 육수정(陸修靜)과 교유하며 호계삼소(虎溪三笑)의 일화를 남겼다. 그러나 연명의 시에는 가난을 고달파하며 죽음에 대한 두려움이 자주 나타난다. 도연명이 구마라습(鳩摩羅什)과 승조(僧肇)를 찾아 배움을 청하지 못한 아쉬움이 있다.

10. 동파의 왕마힐설 王摩詰說

왕유의 시(詩), 산중(山中)을 읽고, 소동파가 시중화(詩中畵)라 했다. 왕유의 중년이후의 시는, 자연(自然)과 촌부(村夫)와 선비의 소박천진(素朴天眞)을 읊었다. 왕유는 신회(神會)선사의 문인으로써 중년에 개오(開悟)한다. 산중(山中)은 왕유의 상시(上詩)의 한편이다.

山中
荊溪白石出 형계에 물 줄어 흰 돌 드러나고
天寒紅葉稀 날씨 차가와지니 홍엽이 드문드문.
山路元無雨 산 길에 본디 비가 없었는데
空翠濕人衣 허공의 푸르름이 옷을 적시네.

소동파가 왕유를 이른다. "왕마힐은 본래 노성한 시인으로, 청한(淸閑)하고 초고(超高)한 풍도(風度)는, 지초(芝草)를 차고 향기로운 창포를 입은 듯하다."또 이른다.

마힐의 詩를 음미해 보면, 詩 가운데 그림이 있고,
마힐의 그림을 보노라면, 그림 가운데 詩가 있다.
味摩詰之詩詩中有畵 觀摩詰之畵畵中有詩

라 하며 왕유의 도품(道品)과 시(詩)와 화(畵)가 빼어남이 견줄 이가 드물다고 한다. 소동파 만년에, 왕유가 그린 개현사(開玄寺)의 벽화

(壁畵)를 보면서 화(畵)의 종장(宗匠), 오도자(吳道子)가 왕유(王維)의 상외지유(象外之游)의 경지를 따를 수 없음을 발견하고 이른다.

"오도자의 그림이 비록 묘절(妙絶)하나, 화공(畵工)으로써 논할 뿐이다. 왕유(王維)의 그림은 상외(象外)를 자득(自得)함이 있어, 마치 숨은 숨결을 일으켜 신선(神仙)의 날개를 드리우고 나는 것 같다. 내가 두 사람을 보니 솜씨가 다 신준(神俊)이다. 왕유의 경지(境地)는 지책(指責)할 말이 없어 옷깃을 여미게 된다."

吳生雖妙絶 猶以畵工論 摩詰得之於象外 有如僊翮謝籠樊 吾觀二子皆神俊 又於維也歛衽無間言

* 翔상: 빙빙 돌아날다. * 翮핵: 깃촉. * 籠농: 대그릇. * 樊번: 울타리.
* 歛감: 원하다. * 衽임: 옷깃.

소동파는 왕유의 벽화를 만나, 그림을 논하며 상외(象外)를 말한다. 상외(象外)란 사무사(思無邪)의 경지이다. 고금을 통해 화공(畵工)이 몇이나 상외(象外)를 거닐 수 있었겠는가? 소동파가 왕유를 동도동경(同道同境)이라 함은 왕유의 시가 상외(象外)를 소요(逍遙)함을 보았기 때문이다. 동파가 아니면 누가 왕유의 경지를 적확하게 볼 수 있었겠는가?

미불(米芾)이 소동파 묵죽(墨竹)의 소징(素徵)과 작태(作態)에 대해 말한다.

"소식(蘇軾)의 묵죽(墨竹)은 땅에서부터 꼭대기까지 한 번에 그린다. 마디마디 구분해서 그리지 않는 까닭이 무엇인가? 물으니, 죽이 처음 나면서 마디를 좇아 자라는가? 하고 대답한다. 그 생각이 참으로 청발(淸拔)하데, 이것은 문여가(文與可)로부터 배운 생각이다. 동파가 이르기를 먹이 진한 곳은 표면이요, 연한 곳은 뒷면이니, 이 법은 여가(與可)가 시작한 것이라 한다. 동파의 임죽(林竹)은 참으로 정(精)하다. 동파가 그린 고목지간(枯木枝幹)은 구불구불하고, 돌의 결은 단단하며 기괴(奇怪)하다."

11. 동파의 돌설 咄說

둔근속사(鈍根俗士)들이 글줄(經書)이나 읽고 초서(草書)를 휘저어며, "공자(孔子) 장자(莊子)의 도(道)는 본래 마음의 청정(淸淨)이다. 불가(佛家)의 불성(佛性)도 바로 이 마음일 뿐이라 하고, 나는 이렇게 소요(逍遙)한다."라 한다. 예나 지금이나 도처에서 자시자대(自是自大)하며 허풍 떠는 무리들이 병설(病說)을 읊조리며 사이비(似而非) 스승노릇을 하고 있다. 한 때의 겨자씨만한 소견(所見)과 복력(福力)으로, 성인(聖人)의 도(道)에 분칠(糞漆)을 하는 것이다. 소동파가 이런 무리들을 나무란다. 소요유(逍遙遊)란 대지(大智)의 경지(境地)이다.

俗士逍遙 咄吟

人生識字憂患始	人生에 글줄 아는 것, 憂患의 시작일세
姓名粗記可以休	거칠게 이름자나 쓸줄 알면 그만 둘 일.
何用艸書夸神速	어찌하여 草書 빨리 쓰며 자랑삼는가.
開卷惝怳令人愁	册을 펴면 멍하여 사람을 시름케 하네.
我嘗好之每自笑	나도 그랬거니 매번 스스로 웃는다네.
君有此病何能瘳	그대도 이 病 있으니, 어찌하면 낫겠나.
自言其中有至樂	글자랑 속에 至樂있다고 스스로 말하며
迪意無异逍遙遊	뜻대로 妄動하며 逍遙遊라 하는구나.

* 惝怳창황: 머엉하다 瘳추: 나을 迪적: 나아갈 异이: 그만 둘

12. 옹방강翁方綱의 동파제東坡祭

□ 청(淸), 옹방강(翁方綱1733-1818)의 배파회(拜坡會)를 동파제(東坡祭)라 칭한다. 임어당 등은 옹방강을 청(淸) 제일의 현재(賢才)라 칭한다. 옹방강은 동파를 중국의 제일의 문보(文寶)요, 격외파선(格外破僊)이라 하였다. 옹방강의 서재명은 보소재(寶蘇齋)이다. 옹방강은 문장(文章), 서법(書法), 금석문(金石文)의 대가이다. 옹방강에 의해, 청(淸)에 동파연구(東坡硏究) 및 숭모(崇慕)의 열기가 피었다. 중국의 동파제(東坡祭)는 북경과 상해의 문사들이 동파 관련 시문(詩文)과 탁본(拓本)을 괘두(罣頭)하고, 시주(詩酒)를 나누며 숭모하였다. 1940년대까지 동파제가 열렸다.

□ 선말(鮮末), 옹방강(翁方綱)을 만난 24세의 김정희(金正喜)에 의해 소동파존숭의 풍류가 조선에 이루어진다. 추사는 옹방강과 사제(師弟)의 연을 맺고, 동파상(東坡象)을 임모(臨摸)하여 모시고 조석(朝夕)으로 예(禮)를 올리고 또 동파제를 지냈다. 추사(秋史)의 끝제자 강위(姜瑋, 1820-1884) 등 한말 사대문장가도 동파생신회를 열었다. 조선의 문사 가운데 동파의 선지(禪旨)를 엿본 이는 서거정, 신흠, 김정희, 황현 등이라 하겠다. 추사가 견처(見處)를 드러낸 시를 본다.

不作蘭畵二十年　蘭花를 그리지 않은지 이십년
偶然寫出性中天　偶然히 해맑은 성품에서 그렸네.

閉門覓覓尋尋處　門 닫고 찾고, 찾고, 찾던 자리라
此是維摩不二禪　이 性天이 維摩居士의 不二禪일세.

추사의 견처(見處)가 구건지견(垢愆知見)을 넘었으나 천망지견(天網知見)에는 이르지 못했다. 추사는 소동파의 수문인 황정견(黃庭堅)의 시서(詩書)도 좋아하여 산곡(山谷)의 십팔나한송(十八羅漢頌)의 絶句 "靜坐處茶半香初 妙用時水流花開"를 자주 음송(吟誦)하며 서예의 걸작을 남겼다. 통도사박물관에서 소장한다. 황정견(黃庭堅)은 개오하여 황룡조심(黃龍祖心)의 법을 이어 괴각선풍(乖角禪風)을 보였다. 뒷사람들이 대기소황(大機蘇黃)이라 하여 존숭했다.

靜坐處茶半香初
妙用時水流花開
고요히 앉아 茶를 半 마셨는데 香氣는 처음과 같다네.
神通과 妙用이란, 때 따라 물 흐르고 꽃피는 것이니라.

추사에게 조금의 선지(禪旨)가 있어 불이선(不貳禪)을 읊어 성천(性天)과 묘용(妙用)을 가리켜 보였다. 추사가 안목을 갖추었으므로 동파를 존숭한 것이라 하겠다. 동파는 임성소요(任性逍遙)의 대지(大智)에 나아간 절세고사(絶世高士)이다. 추사가 어찌 동파의 경지를 화안히 엿보았겠는가?

13. 고려문사高麗文士의 숭소崇蘇.

□ 이인로(李仁老) 1152-1220

이인로(李仁老)는"동파(東坡)는 시의 영웅(英雄)이다."라 하다. 또 말하기를 "내가 방문을 닫고 소동파(蘇東坡), 황산곡(黃山谷)의 시문집(詩文集)을 읽고 난 뒤라야, 말에 힘이 생기고 운(韻)이 산(山)을 울리는 듯 시작(詩作)의 삼매(三昧)에 들 수 있었다."라 하였다.

□ 이규보(李奎報) 1168-1241

이규보(李奎報)가 이른다. "무릇 문집(文集)이 세상에 유행하는 것은 또한 한 때의 숭상하는 바에 따른 것이다. 고금을 통하여 동파처럼 성행하여 사랑을 받은 적은 없었다. 어찌 문장이 풍부하고 용사(用事)가 해박(該博)하여 그 자양(滋養)이 사람에게 미쳐 두루 다함이 없기 때문이 아니겠는가?" 이규보는 매년 과거 급제방이 나붙을 때마다 "올해 또 30명의 동파가 나왔구나." 하였다. 이규보가 "나는 고인(古人)의 말을 답습하지 않고, 신어(神語)를 창작했다."라고 했으나, 이규보의 견처(見處)가 측지(測知)에 그치고 청발(淸發)이 미미(微微)하여 신어(新語)의 의미가 희미하다.

시(詩)의 본취(本趣)를 논하자면 만물의 근원(根源)을 간파(看破)하여 그 당처에 소요(逍遙)함이 으뜸이요, 인생을 관조(觀照)하여 고락(苦樂) 밖에 거처함이 다음이요, 서정(抒情)의 청신(淸新)을 얻음이 그 다음이다. 대저 공자(孔子)도 술이부작(述而不作)이라 하였거늘, 온고지신(溫故知新)의 현미(玄微)에 나아가지 아니했다면 "나는 고인(古人)의 말을 답습하지 않고, 신어(神語)를 창작했다."는 이규보(李奎報)의 말은 월분과도(越分過度)라 하겠다. 동파의 시취(詩趣)를 측지(測知)하고 문자(文字)를 술환(術換)하여 음송(吟誦)한 것에 다름 아니다.

□ 이색(李穡)

이색(李穡)은 정이(程頤)와 주희(朱熹)의 견해를 따라 동파(東坡)를 공격하였다. 그러나 동파시(東坡詩)의 풍격(風格)에 대해서는 존숭하였다. 이색(李穡)이 말한다. "동파시(東坡詩)의 고담(高談)은 마치 황하(黃河)를 터뜨린 것처럼 우렁차고 힘이 있다."

□ 우리나라에 적벽(赤壁)이 세 곳 보인다. 화순(和順)의 적벽(赤壁), 임진강의 적벽(赤壁), 영덕의 소적벽(小赤壁)이 그것이다. 실명(失名)한 곳곳의 묵묵적벽(默默赤壁)이 허공과 달과 구름을 벗하여 세외(世外)에 청연(淸然)할 것이다.

14. 조선문사朝鮮文士의 숭소崇蘇

□ 세종(世宗) 1397-1450

세종(世宗)은 구소수간(歐蘇手簡)을 천독(千讀)하였다. 구소수간(歐蘇手簡)은 구양수(歐陽修)와 소식(蘇軾)간의 서간문(書簡文)이다. 소식이 과거에 급제한 후, 구양수와 사제(師弟)의 연을 맺고 주고받은 글이다.

□ 서거정(徐居正) 1420-1488

소선(蘇僊)의 적벽유람화(赤壁遊覽畵)에 서거정이 제(題)한 화시(畵詩)를 본다.

玉堂學士東坡仙 옥당학사동파선
天敎一謫逍遙遊 천교일적소요유
先生奇節凌宇宙 선생기절능우주
先生文章煥星斗 선생문장환성두
※ 碧峙抽抄

한림학사(翰林學士) 동파신선(東坡神仙),
하늘이 한번 폄적(貶謫)하여 무정소요(無情逍遙) 펼쳤네.
선생의 기절(奇節)은 우주(宇宙)를 넘나들고
선생의 문장(文章)은 북두칠성(北斗七星) 같구나.

서거정의 적벽유람(赤壁遊覽) 추모시가 있다. 서거정은 대문장이나 견처(見處)는 술지(術智)에 머문다. 서거정은 한명회(韓明澮)와 교류하며 벼슬살이에 착하여 세조에서 성종까지 45년간 벼슬에 있었다. 서거정의 문체(文體)는 동파의 피부를 얻었다고 하겠다. 서거정이 읊는다.

千載淵明後身 천재연명후신
一生白傳終始 일생백전종시
風流赤壁明月 풍류적벽명월
戲弄黃州山水 희롱황주산수

천 년 전 도연명(陶淵明)의 후신(後身)이요
일생은 백낙천(白樂天)의 시종(始終)이로다.
적벽(赤壁)의 밝은 달에 풍류(風流) 즐기고
황주(黃州)의 산수(山水)를 희롱(戲弄)하였네.

동파의 당전세는 사계화상(師戒和尙)이라 하고, 그 전세에는 백낙천(白樂天)과 도연명(陶淵明)의 이름으로 부세(浮世)에 몸을 드러냈다고 한다. 서거정이 낙문(落聞)한 바 있는 것이다. 뒷날의 청(淸) 옹방강(翁方綱)이 동파의 후신이라 세상에서 일컫고, 신위(申緯)와 김정희(金正喜) 등이 믿고 따른 것 같다.

ㅁ 성종(成宗) 1469-1494

성종(成宗)은 학자들에게 소문충공집(蘇文忠公集)의 난해처(難解處)를 주해(註解)하라 하였다. 성종이 이른다.

"동파의 문장(文章)은 세상 밖을 소요(逍遙)하는 듯하다."

□ 이행(李荇) 1478-1534

이행(李荇)과 박은(朴誾)1479-1504이 동파의 태공풍격(太空風格)에 심취하여, 한강 잠두봉 근처를 출발하여 적벽선유(赤壁船遊)를 모연(慕演)하다. 이행(李荇, 容齋)이 정사룡(湖陰, 1482-1570)에게 말한다.

"나는 동파의 의격(意格)을 취한 까닭으로 사람들이 나의 소풍(蘇風)을 알지 못하는 것이다.(我取其意格 故人不知之)"

그러나 이행(李荇)은 동파의 풍기(風肌)를 얻었을 뿐이다. 동파의 골수(骨髓)를 알지 못해, 풍격(風格)을 모사(某寫)하는 데 그쳤다.

□ 권응인(權應仁) 1482-1572 ?

권응인(權應仁)이 말한다. "지금 세상에 시(詩)를 배우는 사람들은 오로지 만당(晩唐)을 숭상하고 동파시(東坡詩)를 버려둔다."

이에 정사룡(鄭士龍)1482-1570이 말한다. "소동파의 시가 격(格)이 낮아서 그러한 것이 아니라, 배우지 못해서 그러한 것이다."

□ 조식(曺植) 1501-1572

조식(曺植)이 말한다. "정이(程頤)가 소식(蘇軾)을 심하게 공격하였는데, 만약 정이가 지금 살아 있다면 내가 적벽부(赤壁賦)를 정밀하게 써서 읽어 보이고 싶다. 그리하면 정이가 이 문장(赤壁賦)을 인정할 것이다."

조식(曺植)의 저술은 대개 정이(程頤)의 말을 요약한 것이다. 그러나 공부방법에 있어 지(止)를 중시한 것과 성성자(惺惺子)라는 방울을 달고 다니면서 일상(日常) 가운데서 천성(天性)을 반조(返照)하고자 함은 구건유자(口愆儒者)가 본받아야할 바이다. 경(敬)을 독실히 공부함은 간경(看經)과 정좌(靜坐)에서 소득(所得)하여 성성(惺惺)에 나아가 일상에 한결같이 노력하는 것이다.

조선의 유자(儒者) 가운데 간경(看經)과 정좌(靜坐)와 성성(惺惺)을 겸하여 노력하였거나 득력(得力)한 이로는 金時習, 曺植, 李滉, 李珥, 申欽, 申維翰, 金大絃, 朴太平, 盧相稷, 李圭濬 등이 보인다.

□ 이황(李滉) 1501-1570

이황(李滉)이 적벽부(赤壁賦)를 기리며 적벽선유(赤壁船遊)의 시회(詩會)에서 감흥을 읊었다. 대개 문인 이덕홍(李德弘)과 함께 하였다. 이황이 말한다. "동파가 해남도로 귀양 갈 때, 관(棺)을 싣고 갔으니, 그가 속세에 초연(超然)하여 구속받지 않는 모습이 이러하였다." 이황이 또 이른다. "소동파의 시가 어찌 만당(晩唐)에 미치지 못하는가?"

이황은 소시(蘇詩)를 즐겨 읽었는데 이황이 즐겨 음송(吟誦)한 소식의 야도해(夜渡海) 추초(抽抄)를 본다.

雲山月明誰點綴 운산월명수점철

天容海色本澄淸 천용해색본징청

空餘魯叟乘桴意 공여노수승부의

粗識軒轅奏樂聲 조식헌원주락성

구름 흩어지고 달 밝음은 누가 고쳐 기웠는가?

허공(虛空)과 바다 빛은 본래(本來) 맑고 맑은 것이라.
공자(孔子)가 공연히 뗏목타고 떠나려한 뜻 알겠거니와
헌원씨(軒轅氏) 음악의 깊은 뜻에 대략 합하겠도다.

□ 선조(宣祖) 1552-1608

선조(宣祖)는 동파시를 즐겨 음송(吟誦)하며 이른다.
"누가 동파(東坡)를 능가하리오."

□ 신흠(申欽) 1566-1628

신흠(申欽)이 이른다. "동파(東坡)는 호걸의 선비이다."

"구양수의 문장은 바르고 소식의 문장은 기이(奇異)하며, 구문(歐文)은 근원을 가리키고, 소문(蘇文)은 근원을 지키며 권도(權道)에 자유롭다."(歐之文正, 蘇之文奇, 歐之文經, 蘇之文權.)

"동파(東坡)의 시(詩)와 문(文), 모두 신품(神品)의 경지에 들어갔다고 해야 할 것이다. 동파(東坡)를 멀리하는 자들은 우물 안의 개구리가 아니겠는가?"

신흠(申欽)이 소식(蘇軾)의 글을 기(奇)라고 하는 것은 진심(眞心)으로 소요(逍遙)함을 가리키고, 권(權)란 소요(逍遙)에 정념(情念)에 막힘없이 만물에 나아가 자유로움을 보이는 것을 이르는 것이다. 신흠이 이미 실심(實心)을 증험(證驗)하려 노력하는 바가 있으나 측해(測解)라 미진(未盡)하였는데, 동파집(東坡集)을 읽고 한 걸음 나아갔다고 한다.

前身戒和尙 전신계화상

當世蘇東坡 당세소동파

脫落進退間 탈락진퇴간

浮雲於汝何 부운어여하

晩參祖師禪 만참조사선

了盡恒沙法 요진항사법

是非俱兩空 시비구양공

歷劫如擲妄 역겁여척망

枉直誰更分 왕직수갱분

賢邪竟同料 현사경동료

時命不可謨 시명불가모

寒余爲閑歌 한여위한가

전세(前世)에는 사계화상(師戒和尙)이더니
당세(當世)에는 소동파(蘇東坡)구료.
진퇴(進退)를 잊었나니
부운(浮雲,富貴榮華)이 동파에게 무슨 소용이랴.
늘그막에 조사선(祖師禪)을 참구(參究)하여
하사법(河沙法)의 체(體)를 깨쳤네.
시(是)와 비(非)가 다 공(空)하나니
역겁(歷劫)은 던져버려야 할 망견(妄見).
굽고 곧음을 누가 다시 분별(分別)하는가?
현(賢)과 사(邪)를 헤아리나 끝내 한 몸 일세.
사생(死生)의 때는 도모(圖謀)할 수 없는 것,

못난 신흠이 선생(先生)에게 한가(閑歌)를 올리노라.

□ 김성일(金誠一) 1538-1593

김성일(金誠一)은 화순(和順) 동복(同福)의 적벽(赤壁)에서 이황(李滉)의 동파모시(東坡慕詩)를 추억하며 적벽소음(赤壁昭吟)을 여러 수 읊었다.

□ 정구(鄭逑) 1543-1620

정구(鄭逑)가 말한다. "적벽부(赤壁賦)는 문장의 품격(品格)이 실로 인간이 지어냈다고 할 수 없을 정도이다."

정구(鄭逑)는 조식(曺植)과 이황(李滉)의 양문에서 수학(受學)하여 겉은 정조(精操)하였으며, 속은 절조(絶調)와 반조(返照)와 묵좌(默坐)에 나아갔다. 득처(得處)가 깊으나 드러내지 않는 것으로 명(銘)을 삼았다.

□ 이정구(李廷龜) 1564-1635

이정구(李廷龜)는 청(淸)의 사신(使臣)을 전송하고 돌아오다가 적벽선유(赤壁船遊)를 모연(慕演)하였다. 이정구(李廷龜)는 평생에 동파(東坡)의 풍격(風格)을 배우는 데 힘썼다.

□ 허균(許筠) 1569-1618

허균(許筠)은 구양수(歐陽修)와 소식(蘇軾)의 산문(散文) 각 68편과 72편을 선(選)하여 구소문략(歐蘇文畧) 8권을 편찬하였다. 허균이 말한다.

"장자(莊子)는 스스로 장자(莊子)이며, 소식(蘇軾) 역시 스스로 소식(蘇軾)이다. 서로 답습하지 아니하고 각자 일가(一家)를 이루었다."
(莊子自爲莊子, 蘇軾亦自蘇軾, 不相踏襲, 各成一家)

□ 이식(李植) 1584-1647

양강(楊江, 남한강)에서 칠우(七友)와 적벽모연(赤壁慕演)의 선유(船遊)를 하다. 이식(李植)은 시격(詩格)이 고아(高雅)하나 소작(小作)하였다. 묵좌(默坐)를 즐겨하여 천청(天聽)의 묘(妙)를 얻음에 나아가고자 하였다. 이식(李植)은 시의 풍격(風格)을 윤집궐중(允執闕中)에서 구했다. 윤집궐중(允執闕中)의 지처(至處)에서 동파의 풍격(風格)을 보고자 하였던 것이다.

□ 이익(李瀷) 1681-1763

이익(李瀷)은 동파를 존숭하였다. 이익(李瀷)이 동파시 천취(穿翠)와 여산진면목(廬山眞面目) 두 수를 일러 말한다.

"자득(自得)의 미(味)가 없으면 이러한 시(詩)가 나올 수 없다. 동파는 호웅(豪雄)이다."

□ 이덕모(李德某) 1741-1793

이덕모(李德某)가 말한다.

"소동파의 시는 기상(氣象)이 드넓고 시상(詩想)을 펼침이 완전하여 두보(杜甫)이후로 단 한사람일 뿐이다. 한때에 황정견(黃庭堅), 조보지(晁補之), 진관(秦觀), 장뢰(張耒), 진사도(陳師道) 같은 이들이 시문(詩文)으로 당시 세상에 우뚝 이름 높았던 것은 모두 소동파가 추켜세워 끌어올린 공에 힘입은 것이었다."

이덕모는 황정견(黃庭堅)의 출처가 소식(蘇軾)에 있음을 보고, 그 견처(見處)를 높이 여긴다. 이덕모는 두보의 청시(淸詩)를 좋아하나, 두보(杜甫)는 지성(知性)의 시취본지(詩趣本旨)에 미회(未會)라 한다. 황정견을 소식(蘇軾) 뒤에 오직 한사람이라 하였다.

□ 정조(正祖) 1752-1800

정조(正祖)가 말한다. "소식(蘇軾)은 기상이 홍활(弘活)하고 서술이 다채로우며 두보(杜甫)의 법도(法道)를 체득했다. 그러나 전고(典故)의 인용이 너무 많아 지나치게 화려해지는 잘못을 면치 못했으니, 이는 넘치는 소식(蘇軾)의 탁재(卓才)와 학식(學識) 때문이다."

동파의 용사해박(用事該博)에 대해 조선의 여러 문사(文士)가 흠을 잡으니 정조(正祖)가 이른다. "그것은 저절로 흘러나온 것이라, 허물이 아니다. 그 풍모(風貌)가 높은 것이다." 또한 소식의 문장(文章)을 "웅휘호방문(雄輝豪放文)"이라 하였다. 정조가 또 이른다.

"한유(韓愈)는 독실올올문(篤實兀兀文)이요, 유종원(柳宗元)은 예도독조문(銳刀獨照文)이요, 구양수(歐陽修)는 창창유수문(蒼蒼流水文)이라, 소식(蘇軾)은 웅휘호방문(雄輝豪放文)이요, 왕안석(王安石)은 엄숙절제문(嚴肅節制文)이요, 증공(曾鞏)은 근엄문(謹嚴文)이다"(韓之奇崛,

柳之峭刻, 歐之演시, 蘇之雄放, 王之矜則, 曾之謹嚴)

□ 신위(申緯) 1769-1845

신위(申緯)는 김정희(金正喜)의 소개로 연경(燕京)에 가서 옹방강(翁方綱)과 그 아들 옹수곤(翁樹崑)에게 배운다. 신위의 학풍(學風)은 강위(姜瑋), 황현(黃玹), 이건창(李建昌), 이건승(李建昇)으로 이어진다. 신위는 거처를 소재(蘇齋)라 하였다. 옹수곤이 견처(見處)가 밝아 그의 소인(小印)에 "반생치처시다정(半生痴處是多情)"이라 했다. 그 뜻은 반평생을 어리석음에 거처 했나니, 오직 정념(情念)에 속은 까닭이라 한 것이다. 이에 신위가 느낀 바가 컸다. 신위가 읊는다.

迦葉拈花一笑新 가섭염화일소신
由蘇入杜是知津 유소입두시지진
가섭의 염화미소(拈花微笑)로 눈이 새롭게 되고
동파(東坡)를 통해 두보(杜甫)를 보는 나루를 삼노라.

신위(申緯)가 박식다재(博識多才)하고 선리(禪理)에 견해가 있으나, 동파의 견처를 알지 못해 두보를 높히고 동파를 그 다음으로 본다.

신위의 향처(向處)가 청신(淸新)에 있는 까닭이다. 두보는 늘그막에야 무정설(無情說)을 통해(通解)하여, 적공견해(寂空見解)를 내려놓고 선정(禪定)을 좋아했으나 끝내 자성(自性)을 밝히지 못했다. 두보와 동파를 비교하는가? 두보가 촛불이라면 동파는 명월(明月)이라 하겠다. 신위는 덕혜술지(德慧術智)에 거처하여 청명(淸明)하나 대지(大智)의 밝음에 나아가지는 못한 것이다.

□ 박종훈(朴宗薰) 1773-1841

박종훈(朴宗薰)은 순조(純祖)의 명으로 문사저영(文士咀英)8권을 편찬하였다. 이것은 구양수(歐陽修)와 소식(蘇軾)의 문장(文章)이다. 조선은 송(宋)의 문기(文氣)를 모방하는데 힘썼다. 문장은 구소(歐蘇)를 높이어 배우는 이의 모범으로 삼았던 것이다. 박종훈(朴宗薰)은 문사저영(文士咀英)을 저술한 후, 더욱 동파를 존숭하였다.

□ 박사호(朴思浩) 1790-?

박사호(朴思浩)는 임진강에서 시주음창(詩酒吟唱)으로 동파(東坡)를 기리며 밤새워 선유(船遊)하였다.

□ 신헌(申櫶) 1810-1884

신헌(申櫶)은 젊어서 스스로 소식(蘇軾)을 사모(思慕)하더니, 늙어서까지 적벽부(赤壁賦)를 벽에 걸고 7월 16일 시를 지었다. 김정희(金正喜)의 학소(學蘇)를 보고 느낀 바가 더하였다. 호(號)를 서파(西破)라 하였음은 동파(東坡)를 배워 마주하고자 하는 의미이다.

□ 김윤식(金允植) 1835-1922

김윤식(金允植)이 제주도 유배 시에 용연(龍淵)에서 범유시회(泛遊詩會)를 열어 용연사파야범(龍淵思坡夜泛)을 즐기었다. 김윤식은 고금에 동파의 시격(詩格)과 풍모(風貌)를 능가하는 이는 없다고 하였다. 김윤식(金允植)은 김정희(金正喜)의 문인이다.

□ 황현(黃玹) 1855-1910

황현(黃玹)이 읊는다.

東坡學士神仙姿 동파학사신선자
氣橫素秋萬人往 기횡소추만인왕
寄笑後來諸妄人 기소후래제망인
抽肝擢腎期相仿 추간탁신기상방
先生却在文字外 선생각재문자외
古風峻節又何仰 고풍준절우하앙 (峙抄)

동파학사는 신선(神仙)의 자품(資品)이거니
청기(淸氣)가 추공(秋空)에 뻗쳐 만인이 오가네.
우습도다! 뒷날의 망령(妄靈)된 사람들,
간(肝)과 신(腎)을 뽑아내고 모습만 본뜨누나.
선생은 세상을 쉬어 문자(文字) 밖에 있나니.
고풍(古風)의 준절(峻節)을 어찌하면 받들 것가?

황현(黃玹)의 시취(詩趣)가 여기에 이르름을 보건대, 향공(嚮孔)의 소미(小味)가 은근하고, 무성무취(無聲無臭)의 묵연진심(默然眞心)에 소연(昭然)히 나아감이 보인다.

□ 낙강시회(洛江詩會)는 고려중엽(高麗中葉) 1196년, 낙동강상류 상주 일대에서 이규보(白雲)가 백운낙강범지유(白雲洛江泛之遊)를 처음 행하였다. 이규보의 낙강범유(洛江泛遊, 1196) 이후로 1862년까지

십여 년에 한번씩 666년간 51회의 범유시회(泛遊詩會)가 있었다. 대략 동파를 존숭하는바가 이러하였다. 중국 황주(黃州)의 적벽(赤壁)은 지금은 물길이 바뀌어 뭍이 되었다. 황주의 적벽이 동파의 적벽(赤壁)이다. 동파는 적벽을 통해 인생의 체(體)를 드러내고 건곤(乾坤)과 일월(日月)도 한마당의 꿈이라 읊은 것이다. 적벽부 한 편의 시로써 동파의 태공풍격(太空風格)이 후세시인(後世詩人)의 사유(思惟)와 풍격(風格)에 붕조(鵬鳥)의 날개 짓을 보였다고 하겠다.

□ 선말(鮮末)의 사대문장가 등이 배파회(拜坡會)를 발기하여 매년 미주소음(美酒素飮)하며 시를 읊었다. 배파회는 1945년까지 지속되었다. 소론(小論) 정만조(鄭萬朝)의 집에서 매년 20여명의 문사가 모여 시를 짓고 동파를 기렸다. 노론(老論)은 이를 힐평(詰評)하였다. 사대문장가는 문명(文名)이 높았으나 동파의 풍격(風格)과 웅사(雄辭)의 자유(自由)를 숭모(崇慕)하는데 그쳤다고 하겠다.

15. 소문학사 蘇門學士

□ 소문(蘇門)의 사학사(四學士, 1186-1101시기)의 견처(見處)와 풍모(風貌)는 당세와 다음 세상을 풍미(風靡)하였다. 당시의 낙양문사(洛陽文士)들은 정이(程頤)류의 낙학파(洛學派)를 견처(見處)가 천열(賤劣)하면서도 말마다 인(仁)을 들먹이며 형식을 중시하는 구건외사(垢愆外士)라 평하였다.

황정견(黃庭堅1045-1105), 장뢰(張耒1054-1114), 조보지(晁補之1053-1110), 진관(秦觀1049-1100)의 풍격(風格)은 동파(東坡)에 의해 다듬어져 청고(淸高)에 나아간 것이다. 그들은 문취(文趣)가 스스로 남달랐으며, 한 마디의 말이나 하나의 청고(淸高)를 가리키면 곧 자득하였다. 그리하여 세상에서는 그들을 소문사학사(蘇門四學士)라 부르며 방외(方外)의 달사(達士)라 칭하게 된 것이다. 사학사가 동파를 따라 종유(從遊)한 것은 15년간이다. 이로써 북송(北宋)의 학단과 문장(文章)이 드높아져 오늘의 수사(秀士)들이 소문사학사(蘇門四學士)의 자취에서 배우는 바가 있는 것이다.

황정견(黃庭堅)은 이상(李常)의 생질(甥姪)이며 손각(孫覺)의 서(壻)이다. 황정견(黃庭堅)은 황룡조심(黃龍祖心)에게서 개오(開悟)하였으며, 사학사 가운데 가장 뛰어났다. 장뢰(張耒)는 회양(淮陽)에서 동파를 만나고 동파의 무정소요(無情逍遙)를 본다. 조보지(晁補之)는 17세에 항주(杭州) 근처에서 동파를 만나 시를 지어 올리니 동파가 나도 그대의 시재(詩才)보다 못하다고 하였다. 조보지는 동파의 파선풍모(破禪風貌)와 소박(素朴)을 보고 따르다. 진관(秦觀)은 이상(李

常)이 추천하여 만나다. 이상(李常)은 동파의 외우(畏友)이며 황정견의 외숙(外叔)이다. 진관이 읊는다.

我獨不願萬戶侯　　太守가 되어 萬餘戶를 다스리는 것보다,
惟願一戲蘇徐州　　東坡와 交遊하여 一戲하는 것이 참되다.

□ 소문육학사(蘇門六學士)는 사학사(四學士)에 두 선비를 더해 부르는 이름이다. 두 선비는 곧 이치(李廌)와 진사도(陳師道, 1053-1102)이다. 진사도는 소식의 유배 길에 남경까지 전송했다가 탄핵되자 사직하고 산림에 은거하였다. 원(元) 방회의 시선집(詩選集)에 일조삼종(一祖三宗)을 두었는데, 일조(一祖)는 두보(杜甫)를 이르고, 삼종(三宗)은 황정견(黃庭堅), 진사도(陳師道), 진여의(陳與義)를 말한다.

다만 방회의 견처가 그러하다.

16. 동파의 회고음 回顧吟

1075년 동파 40세, 서호(西湖) 북쪽은 영은사(靈隱寺)와 천축산(天竺山)이다. 동파가 하루를 서호(西湖), 영은사(靈隱寺), 천축산(天竺山)을 산유(山遊)한 뒤 읊는다.

始悟山野姿 시오산야자
異趣難自强 이취난자강
人生安爲樂 인생안위락
吾策殊未良 오책수미량

이제사 山野의 資品에서 素樸을 깨쳤거니
스스로 異趣를 밝게 봄이 어려워라.
무엇이 人生의 참된 길인가?
나 여태 잘못 산 路程이 부끄럽구나.

문명(文名)을 떨치던 사십 세의 동파, 종일 산유(山遊)한 뒤에 이제사 산야(山野)의 소박(素樸)을 보았다고 하며, 소박(素樸)을 알기가 쉽지 않다고 한다. 그리고 무엇이 人生의 참된 길인가? 하고 생각하며 부끄러워 한다.

오년 뒤, 황주로 유배(流配)가서야 참다이 자신을 돌아보고 간경묵좌(看經默坐)에 든다. 49세에 천망지견(天網知見)이 열리고, 50세에 대지(大智)를 깨친다. 그리고 66세 하세(下世)까지 임성수연(任性隨緣) 하였다.

17. 동파의 변각찬 辨覺讚

왕유(王維)의 시 가운데 등변각사(登辨覺寺)는 환희지(歡喜地)에서 등각(等覺)까지 오언팔행(五言八行)에 담아내는 솜씨가 상외지유(象外之游)의 청고절품(淸高絶品)이다. 소동파가 망연(茫然)히 극찬하였다. 소동파의 안목이 아니면 드러내어 높힐 수 없었을지 모른다. 등변각사는 변각음(辨覺吟)이 바른 제목이다. 각(覺)의 경지(境地)를 변설(辨說)하는 격외시(格外詩)이기 때문이다. 변각사(辨覺寺)는 실제의 절이 아니고 왕유가 가차(假借)한 시제(詩題)이다.

登辨覺寺

竹徑運初地	대숲 길이 歡喜地(初地)로 이어지고
蓮峰出化城	蓮華峰(離欲地)에서 發光地가 나타나누나.
窗中三楚盡	窓(焰慧地) 가득, 五六七地가 펼쳐지고
林上九江平	숲(八地)위로 九江(善彗地)이 평안히 흐르네.
輭草承趺坐	연한 풀은 가부좌(跏趺坐)를 받들고
長松響梵聲	長松(大寂淸淨)은 梵聲(無情說)을 吐하누나.
空居法雲外	法雲(十地) 밖에 淸淨眞性으로 逍遙하고
觀世得無生	無生(等覺)을 自得하여 世上을 觀하누나.

* 약간의 지견(知見)으로는 변각음(辨覺吟)을 외숭(畏崇)하기 어렵다. 변각음(辨覺吟)의 경지가 관천(貫天)하여 허공을 관하는 까닭이다.

18. 동파의 오도자설 吳道子說

소동파가 오도자(吳道子, 名道玄 700-760)의 그림을 보고 후서(後書)한다.

"지혜로운 자는 물(物)을 창조하고, 능한 자는 그것을 계술(繼述)하니, 한사람이 이룬 것이 아니다. 군자의 학문과 백공(百工)의 기예가 삼대(三代)로부터 한대(漢代)를 거쳐 당대(唐代)에 이르러 갖추어 졌다. 그리하여 시는 두자미에 이르러 서고, 문장은 한퇴지에 이르러 길을 가리키며, 서법(書法)은 안노공이 정안(定安)하고, 그림은 오도자에 이르러 온전하게 되어 고금의 변화와 천하의 능사가 다하게 된 것이다." 知者創物 能者述焉 非一人而成也 君子之於學 百工之於技 自三代歷漢 至唐而備矣 故詩至於杜子美 文至於韓退之 書至於安魯公 畵至於吳道子 而古今之變 天下之能事 畢矣

소동파가 오도자의 738년경 작 지옥변상도(地獄變相圖)의 발문(跋文)에 이른다.

"오도자는 화성(畵聖)이다. 법도를 지키면서도 신법(新法)을 드러내고, 호방(豪放) 바깥의 묘리를 보이니, 대저 칼질을 하나 여유롭고, 도끼를 휘둘러 바람을 일으키는 (庖丁과 匠石같은) 사람이다." 道子畵聖也 出新意於法度之內 寄妙理於豪放之外 蓋所謂游刃餘地 運斤成風者耶

19. 동파의 산수설 山水說

청원유신(靑原惟信, 1020 -1083 ?)선사가 말하였다.

"노승(老僧)이 30년 전에, 참선(參禪)을 하지 않았을 때에는, **산을 보니 산이요, 물을 보니 물**이었다. 얼마 지난 뒤, 친히 선지식을 뵙고, 약간의 입처(入處)가 있었을 때, **산을 보니 산이 아니요, 물을 보니 물**이 아니었다. 그러나 지금은 망심(妄心)을 쉬고 쉬는 공부(休歇處)에 힘을 얻어서, 전과 같이 **산을 보니 다만 산이요. 물을 보니 다만 물**이더라." 老僧三十年前 未參禪時 見山是山 見水是水 及至後來 親見知識 有個入處 見山不是山 見水不是水 而今得個休歇處 依前 見山只是山 見水只是水

청원선사(靑原禪師)의 삼처에 대해 동파(東坡)가 이른다.

"처음의 "見山是山 見水是水"는 미시(迷時)의 범견(凡見)이요, 다음의 "見山不是山 見水不是水"는 정념몽환설(情念夢幻說)을 배워 공견(空見)에 젖은 것이요, 그 다음의 "見山只是山 見水只是水"는 망심휴헐처(妄心休歇處)에 거처하는 경지(境地)이다."

동파(東坡)가 또 말한다.

"무심(無心)을 자증(自證)하여 휴헐(休歇)에 거처해야 비로소 바른 길에 든 것이다."

大休.

노치허 盧菑虛

號: 菑虛, 愚虛, 甿碧子.

鄕與名: 光山, 名是圭行是鉉.

著書

선객(禪客) —19세기 朝鮮의 21禪師 (학자원), 누가 공자의 참마음을 보았는가? 육경촬요(六經撮要) (학자원), 선객 소동파(禪客 蘇東坡) (명문당), 누가 장자(莊子)의 무하유(無何有)에 소요하는가? (학자원), 장자직해 莊子直解 (학자원), 노자직해 老子直解 (학자원) 未刊, 수사심경洙泗心經(벽치재) 未刊, 논맹촬요論孟撮要(벽치재), 계사문언촬요繫辭文言撮要(벽치재), 채근촬요菜根撮要(벽치재) 未刊, 맹자노소고孟子老少考(벽치재), 선문구론禪門九論(벽치재) 未刊.

拙跡

避世陋居, 片農. 無學.

檀紀4282년 蘆谷의 紫巖書堂에서 生.

拙巢 : 010-4599-1746.

누가 왕마힐·소동파·소강절의 청의미를 보았는가

2018년 10월 20일 초판 발행

역　해 : 노치허
발행인 : 김병환
발행처 : 학자원
주　소 : 서울 강동구 천호대로 1121
전　화 : 02) 6403-1000
팩　스 : 02) 6338-1001
E-mail : hakjaone@daum.net
등　록 : 2011년 3월 24일 제2011-14호

ISBN 979-11-6247-080-0 93820
값 20,000원